# Das Denken ist dein Feind

## Verstand zerschmetternde Gespräche mit einem Mann namens U.G.

Impressum:

Copyright 2016 © by Surge

Herstellung und Verlag: BoD - Books on Demand, Norderstedt

ISBN: **9783837094497**

Als jemand zu U.G. sagte, dass er ein Buch publizieren möchte, das seine Diskussionen enthält, war er damit einverstanden, aber nur unter der Bedingung, dass es ein Geschäftsprojekt sei. „Mach Geld, falls das dein Motiv ist. Aber falls du denkst, dass es dir oder irgendjemandem in irgendeiner Weise auf seinem Weg hilft, liegst du völlig falsch. Ich habe keine Illusionen darüber, " sagte U.G. Abseits meiner alltäglichen Beweggründe, welche die einzig „wahren" Beweggründe laut U.G. sind, fühlte ich, dass dieser Mann weithin bekannt sein sollte, für das, was auch immer er ist. Trotz seiner vehementen Behauptung, dass er keine Botschaft für die Menschheit hat, fühlt sich das was er sagt, absolut wichtig an. Es liegt an Ihnen, seinen Worten Beachtung zu schenken. Falls Sie nicht mögen was er zu sagen hat, liegt es vielleicht daran, dass er nicht das sagt, was Sie hören möchten. Dieses Buch ist eine Sammlung von Diskussionen, zwischen U.G. Krishnamurti und verschiedenen Fragestellern aus Indien, der Schweiz, Australien, den Niederlanden, und Großbritannien, zwischen 1985 und 1990. So weit wie möglich wurde versucht, den natürlichen Fluss der Diskussionen nicht zu unterbrechen.

# Inhalt

Alle suchen, aber kaum jemand weiß, wonach er eigentlich sucht. Jeder glaubt nur, dass er wüsste wonach er sucht: Reichtum, die große Liebe, Weisheit, Macht und letztendlich Gott oder die Erleuchtung. Alle suchen auf irgendeine Weise das, was sie unter Glück verstehen. Gott oder Erleuchtung, ist das ultimative Vergnügen, ununterbrochenes Glück. So Etwas existiert nicht. Ihr Wille nach Etwas zu suchen, das nicht existiert, ist die Wurzel Ihrer Probleme. Selbstverwirklichung, Transformation, Moksha, Befreiung und all das Zeug, sind bloß Variationen derselben Thematik: Permanentes Glück. Der Körper kann ununterbrochenes Vergnügen nicht auf längere Zeit aushalten, ohne zerstört zu werden. Der Wille danach, einen fiktiven permanenten Zustand des Glücks zu erreichen, ist ein ernstzunehmendes neurologisches Problem. Ich bin nicht hier, um irgendjemanden zu befreien. Sie müssen sich selber befreien, doch Sie sind nicht fähig dazu das zu tun. Das was ich zu sagen habe wird es nicht schaffen das zu tun. Ich bin nur daran interessiert diesen Zustand zu beschreiben, um die Okkultation und Mystifizierung, welche diese Leute im „heiligen Geschäft" über dieses Thema verschleiernd gelegt haben, auszuräumen. Vielleicht kann ich Sie davon überzeugen, nicht zu viel Zeit und Energie damit zu verschwenden, nach einem Zustand zu suchen, der außer in Ihrer Einbildung, nicht existiert.


Er wurde U.G.

Es werde Licht! Sagte Gott. Und es ward der totale Blackout. Es werde Frieden! Sagte Gott. Und es gab Weltkriege. Es werde Ordnung! Sagte Gott. Und es ward völliges Chaos. Bestürzt, desillusioniert sagte Gott: Es werde kein Gott! Und augenblicklich wurde er zu U.G.

--K.Chandrasekhar

Es gibt keine Lehren, die ich habe und es wird auch niemals welche geben. „Lehre" ist nicht das richtige Wort dafür. „Lehre" impliziert eine Methode oder ein System, eine Technik oder ein neuer Weg des Denkens, der zum Einsatz kommt, um eine Transformation in Ihrer Lebensweise zu erreichen. Das was ich zu sagen habe ist außerhalb des Feldes der Lehrbarkeit. Es ist einfach eine Beschreibung dessen, wie ich funktioniere. Es ist nur eine Beschreibung des natürlichen menschlichen Zustandes – das ist die Art wie Sie, wenn man die Denkmechanismen wegnimmt, auch funktionieren.

Der natürliche Zustand ist kein Zustand eines Selbstrealisierten oder Gottrealisierten Menschen, es ist kein Ding das man erreichen oder erlangen kann, noch ist es ein Ding das man sich in die Existenz wünschen kann, denn es ist da – es ist der lebendige Zustand. Dieser Zustand ist einfach die funktionale Aktivität des Lebens. Mit „Leben" meine ich nicht etwas abstraktes, es ist das Leben der Sinne, die natürlich funktionieren ohne vom Denken beeinflusst zu werden. Das Denken ist ein Eindringling, das sich in die Angelegenheiten der Sinne einmischt. Das Motiv ist Profit: das Denken dirigiert die Aktivität der Sinne, um etwas daraus zu bekommen und  nutzt diese Aktivität, um sich selbst Kontinuität zu verleihen.

Ihr natürlicher Zustand hat rein gar nichts mit den religiösen Zuständen wie etwa Seligkeit, Glückseligkeit, oder Ekstase zu tun, denn diese gehören zum Feld der Erfahrung. Die Menschen, die die Menschheit auf Ihrer Suche nach Religiosität durch die Jahrhunderte geführt haben, haben vielleicht Erfahrungen mit diesen religiösen Zuständen gehabt. Das können Sie auch. Diese sind vom Denken induzierte Zustände des Seins und genauso wie sie kommen, gehen sie auch wieder. Krishna-Bewusstsein, Buddha-Bewusstsein, Christus-Bewusstsein oder was auch immer, sind alles Trips, die in die falsche Richtung führen: sie können niemals erfasst, behalten und noch weniger von irgendeinem Menschen ausgedrückt werden. Dieser ausgetretene Pfad wird Sie nirgendwohin führen. Da gibt es keine Oase die dort drüben auf Sie wartet, Sie stecken fest in der Illusion.

# Einführung

Falls Sie denken, Sie könnten dieses Buch lesen und verstehen, dann könnten Sie ziemlich daneben liegen. „Jeder der hier her kommt, mir zuhört und versucht zu verstehen, was ich hier zu übermitteln versuche, verschwendet seine Zeit, weil es da keinen Weg gibt, dass Sie irgendwem zuhören ohne zu interpretieren".

Da ist nur die Vibration des Klangs, wenn man den Hörsinn sich selbst überlässt. Diese Vibrationen werden vom Trommelfell aufgenommen, zu den Nerven transferiert, welche zum Gehirn verlaufen und dort von unserem „Referenzpunkt" interpretiert werden. Dadurch hören wir unsere eigene Übersetzung der Vibrationen. Deswegen meinte U.G.: „Das genügt für eine Beziehung mit jemandem auf der Stufe von „Hier ist etwas Geld, gib mir ein halbes Kilo Karotten"; aber das ist die Grenze deiner Beziehungsfähigkeit, deiner Kommunikation mit irgendjemandem."

Ob man allem zustimmt was er sagt oder nicht, es lohnt sich wirklich zumindest der Versuch ihm zuzuhören. Die Wörter die aus Ihm herauskommen sind wie Bomben die auf unseren Referenzpunkt geworfen werden und alles zerschmettern was wir geglaubt haben. Seine Stellungnahmen sind verheerend, besonders für Leute die anderen „Gurus" zugehört haben, die in einer religiösen Atmosphäre eingehüllt waren.

U.G. kann auch über die Quantenphysik, Schwarze Löcher und Mythologie diskutieren. Er sagt: „Ich behaupte nicht eine spezielle Einsicht in die Natur der Dinge zu haben oder dass ich besser als irgendjemand verstehen würde wie die Natur funktioniert. Aber das ist etwas, was ich für mich selbst herausgefunden habe. Es ist mir egal ob Sie akzeptieren was ich sage oder nicht. Es steht und fällt für sich selbst." Seine Authentizität verleiht seinen Aussagen eine enorme Solidität und scheint aus einer anderen Quelle zu kommen als die des Denkens. Seine Aussagen erschüttern die Fundamente des menschlichen Denkens. Ein anderer Punkt ist der, dass seine Ausführungen über Themen wie Gott, Liebe, Erleuchtung, Verstand, Meditation, Tod und Reinkarnation oft einen leichten Beigeschmack der Blasphemie haben und an der Grenze zur Ketzerei sind.

Die Geschichte des U.G. Krishnamurti hat alle Zutaten eines Thrillers. Eine Episode seines Lebens führt zu einer anderen, ohne eine systematische Abfolge. Als er neunundvierzig Jahre alt wurde, gab es einen plötzlichen Bruch in den Ereignissen. Etwas passierte mit ihm, das er „Kalamität" nannte (zum besseren Verständnis), als er auf den „natürlichen Zustand" stieß, drückte er es so aus: „Alles was die Menschen gesagt, gefühlt oder gesehen haben, ja sogar das gesamte Erbe der Menschheit, wurde aus meinem System geworfen."

Aber das war nicht das, nach dem er sich gesehnt hat. Er war auf der Suche nach einem spirituellen Traumland, das so eloquent von den Heiligen vor einem aufgebaut wurde – Betrüger, geniale Betrüger.

Die religiöse Atmosphäre war ein Teil seines Umfeldes. U.G. wurde 1918 in eine Brahmanen Familie in Andrah Pradesh geboren. Seine Mutter ist kurz nach seiner Geburt gestorben. An ihrem Sterbebett sagte sie, dass ihr Kind zu etwas „unermesslich Großem" berufen sei. U.G.s Großvater nahm ihre Worte ernst und ließ ihn in einer asketischen Atmosphäre aufwachsen.

Es gab da allerdings ein kurzes und einschneidendes Erlebnis in U.G.s Leben. Er sah eines frühen Morgens seinen Großvater meditieren und wie er dann von einem weinenden Kind gestört wurde. Der Alte war daraufhin so wütend, dass er das Kind grün und blau geschlagen hat. Die Unvereinbarkeit und Brutalität dieser Szene hatte eine traumatische Einwirkung auf das empfindliche Gemüt von U.G., woraufhin er sich sagte: „Falls es das ist, worum es bei der Meditation geht, ist es wertlos!" Er schmiss seinen heiligen Pfad hin und drohte damit von zu Hause abzuhauen.

Danach war U.G.s Leben ein Experimentieren mit der Wahrheit. Ein unersättlicher Hunger überkam ihn, ob es da etwas hinter diesen abstrakten Behauptungen der sogenannten Spirituellen herauszufinden gäbe. Er traf sich mit verschiedenen Meistern, auch J.Krishnamurti und Ramana Maharshi, und praktizierte traditionelle Meditationen. Er schöpfte alle die ihm zur Verfügung stehenden Mittel um das „versprochene Land" zu erreichen aus, verlor dann aber letztendlich seine Hoffnung und stürzte in völlige Verzweiflung.

An seinem neunundvierzigsten Geburtstag saß er auf einer Bank in Oberland in der Schweiz und betrachtete die schöne Landschaft, als es ihn plötzlich überkam: „Ich habe überall gesucht, um eine Antwort auf meine Frage nach der Existenz der Erleuchtung zu finden, aber ich habe nie die Suche an sich in Frage gestellt, weil ich von der Existenz der Erleuchtung ausging und dass ich danach suchen sollte. Es ist allerdings die Suche an sich, die mich immer mehr gewürgt und mich von meinem natürlichen Zustand abgehalten hat."

„Es existiert kein Ding das man Erleuchtung nennt, weder spirituell noch psychologisch, weil es keinen Geist und keine Psyche gibt! Ich war mein ganzes Leben lang ein verdammter Narr, nach etwas zu suchen, das nicht existiert. Damit ist meine Suche am Ende."

Sein unersättlicher Hunger das versprochene „Märchenland" zu finden, das die Propheten und Spirituellen Meister vor ihm aufgebaut hatten, hat sich selbst ausgelöscht. Dieses Ereignis hatte gewaltige Effekte auf seinen Körper, viele physische Veränderungen die die Mediziner und seine Freunde um ihn herum verblüfft haben. Sein Leben wurde daraufhin „Eins", in dem es weder ein Denken daran was Morgen kommt, noch eine Bekümmernis über die Vergangenheit gibt.

Kummer und Vergnügen existieren nur im Bereich des Verstandes. Der Körper ist an keinem von beiden interessiert. Sein einziges Interesse ist es die tagtäglichen Herausforderungen, die von Moment zu Moment auftauchen, zu überleben.

U.G.s Aussagen sind rätselhaft und wenn man sie isoliert liest oder hört, könnte man meinen, sie stammen entweder von einem genialen Intellektuellen oder einem Verrückten. Seine Worte fordern die uns gewohnte logische Struktur heraus. U.G. lehnt die Möglichkeit ab, irgendeine Erfahrung machen zu können, außer über die Hilfe von Wissen. Er meint, dass es das Wissen ist, das die Erfahrung hervorbringt und es ist die Erfahrung die dann wiederum das Wissen stärkt. In dem Wort „Wissen", sind hier keine metaphysischen oder erkenntnistheoretischen Andeutungen enthalten. Es ist ganz einfach so, dass etwas ein Tisch oder ein Stuhl ist oder dass einige Empfindungen genussvoll und andere schmerzhaft sind. In der Tat ist es sogar so, dass der Prozess des Erkennens und Benennens von Etwas, schon ein Teil des Wissens ist. Dieser gesamte Ablauf wird als „Denken" bezeichnet.

Was uns von U.G. unterscheidet ist, dass das Wissen das in U.G. durch den Denkprozess abläuft, in einem entkoppelten Zustand ist, während in uns eine konstante und unterschwellige Aktivität des Denkens abläuft, ob wir mögen oder nicht. Unser Verstand bringt ständig einen Gedanken nach dem anderen in verschiedenen Formen, Farben und Größen hervor. Durch diesen konstanten Denkprozess wird die Kontinuität von dem erhalten, was wir das „Ich" oder das „Selbst" nennen.

In U.G. ist die Kontinuität des Denkens abgerissen. Gedanken tauchen bei ihm in einer unzusammenhängenden Weise auf, ohne jegliche Verknüpfung. Er denkt nur wenn es einen Bedarf für eine Erfahrung gibt, wenn nicht, dann gibt es da nur die einfache Aktivität der Sinne – den Reiz und Effekt Zusammenhang. Da es die kontinuierliche Aktivität des Denkens ist, die die Illusion des „Selbst" oder des „Ichs" aufrechterhält, gibt es in ihm kein Gefühl des „Ichs" oder des „Selbst".

Der Würgegriff um den physischen Organismus, der von dem, was man Wissen nennt ausgeht, hat die Kraft aus Millionen von Jahren. Das Wissen, das in der Form des Denkens operiert, hat aus sich selbst ein paralleles Imperium geschaffen, welches im Gegensatz zu den Gesetzen der Natur steht. Aber das Denken „weiß" auf einer subtilen Ebene über seine vergängliche Natur Bescheid und die Angst seiner flüchtigen Existenz treibt es vorwärts, grandiose Strukturen der Kultur, Zivilisation, Religion, Politik, verschiedener Institutionen und Werte die über unser Leben herrschen und in der Tat alles was wir uns vorstellen können, zu errichten.

All diese Fassetten des menschlichen Lebens sind nichts anderes als Stützen, durch die das Denken versucht sich selbst permanent zu inthronisieren. In anderen Worten ist es so, dass das was wir „Ich" oder „Du" nennen das Denken ist, das in unzähligen Aktivitäten Permanenz sucht. Nur wenn durch eine Art Wunder oder kuriosen Zufall, der lebende Organismus vom Würgegriff des vom Denken erschaffenen Imperiums befreit wird, kann der Körper mit seiner außerordentlichen Intelligenz den Menschen befreien, sodass er in den „natürlichen Zustand" „fallen" kann.

Aber man kommt nicht durch die Hilfe seiner Willenskraft oder durch irgendeine drastische Maßnahme in den natürlichen Zustand, denn dieser Zustand befindet sich außerhalb des Feldes der Erfahrung. U.G. beschreibt seine Situation öfters folgendermaßen: „Wie ist das alles passiert? Ich weiß es nicht. Was ist es, das passiert ist? Ich weiß es nicht. Ist überhaupt irgendwas passiert?" Er sagt, dass das was ihm passiert ist, mit keinem geteilt werden kann und dass der natürliche Zustand nicht in Worten ausgedrückt oder erfasst werden kann. Deshalb ist keine Kommunikation möglich und kein Dialog notwendig.

Welchen Nutzen hat das Wissen über den „natürlichen Zustand" für Menschen, die nicht in dieser Weise funktionieren? Diese Frage wird im Grunde aus einer Perspektive außerhalb des natürlichen Zustandes gestellt, von Sterblichen die nach einem Allheilmittel für all ihre Probleme suchen. Frieden und Glück ist das, auf was wir alle aus sind und U.G.s „natürlicher Zustand" bietet uns nichts dergleichen an. Mit was wir nun zurückgelassen werden sind unsere Sichtweisen über die Person, abhängig von unseren Vorurteilen und Konditionierungen. Nennt ihn einen Betrüger oder einen Freak der Natur, aber wenn man nur einmal irgendwo in die Nähe des Strudels von U.G.s Präsenz gerät, wird man sprachlos. Ihre Erwartungen und Meinungen werden erschüttert. Man wird zurückgelassen und wundert sich darüber was für eine Quelle das ist, aus der seine Aussagen sprudeln. Unterhalb seiner sichtbar menschlichen Form, liegt etwas, was sich jeglicher Beschreibung entzieht.

# Kapitel 1

## Kein Verstand, Keine Seele, nur der Körper

Frage: U.G., ich würde gerne die Essenz aus deinen revolutionären und kompromisslosen Aussagen, über das nicht Vorhandensein eines Verstandes herausstellen.

Antwort: Es gibt kein Selbst, kein Ich, keinen Geist, keine Seele und keinen Verstand. Das löscht mit einem Schlag die ganze Liste aus und Sie haben keine Möglichkeit herauszufinden was da am Ende übrig bleibt. Sie könnten mir natürlich die Frage stellen, wieso ich denn dann trotzdem fortfahre, den Leuten die Art wie ich funktioniere zu beschreiben. Ich mache das nur, um zu betonen, dass wir seit Jahrhunderten ein Instrument benutzen, das Denken oder den Verstand oder wie auch immer sie es nennen möchten, um uns von dem Ganzen, was wir „Ich" oder „Selbst" nennen und vielen anderen Dingen zu befreien. Das ist es, worum es bei der ganzen Suche nach dem Geist (engl.: mind) geht. Aber wenn es Ihnen einmal dämmert, dass es da nichts gibt wovon man befreit werden sollte, dann tauchen solche Fragen nicht mehr auf. Ich habe keine Möglichkeit für mich selbst herauszufinden, wie ich dazu kam das einzusehen.

F: Gewöhnliche Menschen wie ich, würden gerne wissen, ob du Antworten für uns finden kannst.

A: Die Antworten die ich gebe  sind nur dazu da, um zu betonen, dass das was am Ende übrigbleibt, der funktionierende lebende Organismus ist. Was ich die ganze Zeit betone und überbetone, ist der Versuch seine Funktionsweise mitzuteilen. Ich bin interessiert daran, Ihnen irgendwie klarzumachen, dass der ganze Versuch Ihrerseits, das zu verstehen was da am Ende übrigbleibt, ein verlorener Kampf ist.

F: Also versuchst du zu sagen, dass es da nur den physischen Körper gibt und sonst nichts, ist es das?

A: Sogar diese Aussage kann von dem was da übrig bleibt, nicht erfahren werden. Wenn einmal alles aus dem System gespült wurde, kann auch die Aussage, dass es da nur den physischen Körper und das Universum gibt, nicht mehr bestehen.

F: Aber ich will das alles überprüfen!

A: Je mehr Fragen aufgeworfen werden, umso mehr muss ich den physischen Aspekt unserer Existenz betonen, genauer gesagt, dass da nichts dran ist an den Aussagen, an die uns beigebracht wurde zu glauben. Der Grund all unserer Probleme ist die Akzeptanz dessen, dass es möglich wäre die Realität der Welt oder die Realität unserer Existenz verstehen zu können. Ich sage, dass Sie keine Möglichkeit haben irgendwas zu erfahren was Sie nicht wissen, deswegen ist alles was Sie mit der Hilfe Ihres Wissens erfahren ergebnislos. Es ist ein verlorener Kampf.

F: Du sagst, dass es da kein nichtphysisches Element in der menschlichen Natur gibt?

A: Das habe ich nicht gesagt. Was genau meinen Sie damit, dass es da kein „nicht-physisches" Element in der menschlichen Natur gäbe?

F: Ich meinte, dass es da nur den jetzigen physischen Körper gibt und die Welt so wie sie ist.

A: Deswegen sage ich, dass dieses Instrument, das wir benutzen um die Realität unserer Existenz und die Realität der Welt um uns herum zu verstehen, kein Teil dieses Körper-Mechanismus ist. Deswegen sage ich, dass Gedanken nicht selbst-generiert und nicht spontan sind. Sogar jetzt findet da kein Denkprozess statt. Falls Sie herausfinden möchten, ob es da ein Ding gibt, das man Denken nennt, dann stellen wir uns die Frage: „Ist da ein Denken?". Diese Frage wird aus der Annahme heraus gestellt, dass es da ein Denken geben würde. Was Sie da stattdessen finden, ist etwas <u>über</u> das Denken, aber <u>kein</u> Denken. Alles <u>über</u> das Denken, ist das, was da von der Kultur eingegeben wurde. Das wurde da von den Menschen implantiert, die uns erzählen, dass es essentiell für Sie sei sich zu befreien, von was auch immer Sie versuchen sich zu befreien, mit der Hilfe dieses Instrumentes. Ich bin daran interessiert zu betonen, dass das nicht das Instrument ist, mit dem es Ihnen gelingen kann und dass es da kein anderes Instrument gibt. Wenn Sie diese Einsicht einmal trifft, wenn es Ihnen dämmert, dass das Denken nicht das Instrument ist und dass es da kein anderes Instrument gibt, dann gibt es da keinen Grund für Sie herauszufinden, ob irgendein anderes Instrument notwendig ist. Kein anderes Instrument ist nötig. Genau dieselbe Struktur, also dieses Instrument das wir benutzen, hat auf eine raffinierte Art und Weise alle möglichen Sachen wie Intuition, richtige Erkenntnis, richtiges dieses und jenes erfunden. Zu sagen, dass wir durch diese oder jene Erkenntnis, irgendwas verstanden haben, ist ein Stolperstein. Alle Erkenntnisse, wie auch immer außergewöhnlich diese sein mögen, sind wertlos, weil es das Denken ist, das das was wir Erkenntnis nennen, erst erschaffen hat und durch dieses erhält es sich seine Kontinuität und seinen Status Quo aufrecht.

F: Ich denke, das habe ich verstanden, aber ich möchte dem Punkt nachgehen, dass es da eine physische Seite davon gibt und ob es möglich ist, die zusammenhängenden Funktionen des menschlichen Organismus klar zu beobachten…

A: Es ist eine Tatsache, dass sogar das nicht erfahrbar und verstehbar ist, außer durch das Wissen, das uns durch die Physiologen gegeben wurde.

F: Du meinst unsere eigene Beobachtung?

A: Es existiert nichts was man seine „eigene Beobachtung" nennen könnte. Ihre „eigene Beobachtung" wurde von dem Wissen erschaffen das Sie haben. Dieses Wissen haben Sie vom Physiologen. Dieses Wissen kommt von denjenigen, die mit der medizinischen Technologie zu tun haben. Sie versuchen herauszufinden wie dieser Körper funktioniert, wie dieses Herz funktioniert und diese ganzen Themengebiete mit denen wir heutzutage vertraut sind. Dennoch kann das, was sie entdeckt haben, nicht von uns erfahren werden.

F: Ich schließe dann daraus, dass es da wirklich keine direkte oder sofortige Erfahrung gibt.

A: Es gibt überhaupt keine Erfahrung ohne die Hilfe des Wissens, das ist alles was ich sage. Es gibt keine Möglichkeit die Realität von irgendetwas zu erfahren, außer durch die Hilfe von Wissen. Ich sage also, dass sie das was Sie nicht wissen, nicht erfahren können. Daher stellen Sie sich etwas vor, das sich außerhalb des Mechanismus der Erfahrungsstruktur befindet. Es gibt kein „außerhalb". Aber dieses „außerhalb" wird wiederum von dieser Erfahrungsstruktur bestätigt oder abgelehnt, um seine Kontinuität zu erhalten – Es ist ein Spiel.

F: Kann man den Tastsinn nicht erfahren?

A: Nein. Die einzige Möglichkeit den Tastsinn zu erfahren, ist eben die des Kontaktes, das ist es, was man den Tastsinn nennt. Man geht mit den Fingern hierhin, fasst es an ( U.G. berührt die Lehne des Stuhls) und das Auge schaut darauf, aber es übersetzt die Bewegung nicht so, als ob da ein Jemand seine Finger hierher legt, um zu wissen was genau passiert, wenn man das berührt. Das Auge kann das nicht beantworten und der Tastsinn übersetzt es aus irgendeinem Grund nicht, bis man die Frage stellt.

F: Ich kann es aber spüren!

A: Es entsteht aus Ihrer Vorstellung und der Übersetzung dieser bestimmten Berührung, innerhalb der Struktur Ihrer vergangenen Erfahrung. Falls es in diesem Moment nicht als eine weiche oder harte Berührung übersetzt wird oder eben als eine Berührung Ihrer Hand, haben Sie keine Möglichkeit diese beiden zu trennen und sie separat zu erfahren.

F: Keine weitere Trennung der beiden.

A: Nehmen wir an, Sie stellen mir irgendeine Frage und das ganze Wissen das Sie haben, befindet sich hier im Computer (zeigt auf den Kopf des Fragestellers). Es kommt heraus und erzählt mir und Ihnen, dass Sie das berühren und dass der Tastsinn es übersetzt, als eine Berührung die weich ist und von einem Freund kommt, der neben mir sitzt.

F: Ich könnte alleine einen Spaziergang machen und fühlen wie ein Windstoß auf mich zukommt. Ich mache nichts, aber er weht in meine Richtung.

A: Wenn Sie den Windstoß, wie er Ihren Körper berührt nicht übersetzen würden, könnten Sie ihn nicht erfahren.

F: Ich fühle den Windstoß.

A: Das Gefühl ist auch ein Gedanke. In dem Moment, wenn Sie sich von dem Windstoß trennen, wird die Sinnesaktivität innerhalb der Struktur des Wissens, das Sie bereits haben, übersetzt. In keinem Augenblick behaupte ich, dass Sie der Windstoß sind. Was ich behaupte ist, dass alles was Sie sagen ein Teil Ihres vorhandenen Wissens ist. Ansonsten gäbe es keine Möglichkeit, wie Sie den Windstoß und den Körper voneinander separieren könnten.

F: Also behauptest du, dass es da so etwas wie eine neue Erfahrung gar nicht gibt?

A: Es gibt überhaupt keine neuen Erfahrungen. Aber das Verlangen danach, dasselbe immer wieder und wieder zu erfahren, ist das, was den Mechanismus des Gedächtnisses für Zwecke zu dem es nicht vorgesehen ist abnutzt.

F: Ist es für uns möglich zu sehen, dass das Gedächtnis nicht der tätige Faktor im Bewusstsein sein sollte?

A: Ich zweifle das Bewusstsein an, weil das, was wir Bewusstsein nennen, das Gedächtnis ist. Sie werden sich etwas bewusst, durch die Hilfe des Wissens das Sie haben und dieses Wissen ist in Ihrem Gedächtnis eingeschlossen. Deshalb ist das ganze Gerede über das Unterbewusste, das Unbewusste, die ganzen Stufen des Bewusstseins und all das sinnlos, weil es geniale Erfindungen des Denkmechanismus sind. Durch diese Cleverness und diesen Einfallsreichtum erhält es seine Kontinuität aufrecht.

F: Machst du irgendeinen Unterschied zwischen Gewahrsein und Bewusstsein?

A: Gewahrsein hat keine Bedeutung für mich, weil Gewahrsein kein Instrument ist, das benutzt werden kann, um irgendwas zu verstehen und noch weniger, um eine Art Veränderung herbeizuführen, wobei es da allerdings sowieso nichts gibt, was verändert werden könnte. Da es dort nichts gibt was verändert werden könnte, ob es um Gewahrsein geht oder irgendein Instrument, das eine Veränderung herbeiführen soll, ist es irrelevant.

Gewahrsein kann niemals von den Aktivitäten des Gehirns separiert werden. Das ist auch der Grund, warum ich das was hier (zeigt auf sich selbst) passiert, immer in physischen Begriffen beschreibe. Die Reflexion von dem (zeigt auf ein Kissen), was auch immer es ist, auf der Retina zu erfahren ohne es zu benennen, ist bloß ein cleveres Spiel, das wir mit uns selber spielen. Sie denken, dass das Erkennen vom Benennen getrennt werden kann, aber das ist nicht wahr. Das Erkennen und das Benennen sind ein und dasselbe. Ob ich es benenne oder nicht, das bloße Erkennen von Ihnen als einen Mann oder dieses, als eines Kissens, heißt selbst schon, dass das Benennen stattgefunden hat, ob ich jetzt das Wort dafür benutze oder nicht. Das ist auch der Grund, warum ich die Leute, die sagen, dass das Wort nicht das Ding ist, darauf hinweise, dass das Wort tatsächlich das Ding ist. Falls das Wort nicht das Ding ist, was zum Teufel ist es dann? Es ist in Ordnung für die Philosophen, herumzusitzen und endlos darüber zu diskutieren, dass das Wort nicht das Ding ist. Das impliziert, dass es da etwas anderes als das geben würde. Daher können Sie den Fakt nicht akzeptieren, dass das Wort das Objekt ist. Sogar wenn Sie sagen, dass es da ein Objekt gibt, ohne ein Wort zu benutzen, heißt das, dass es da eine Trennung gibt. Was ich versuche mitzuteilen ist, wie diese Abtrennung, diese Abspaltung entsteht.

F: Die Abspaltung ist wirklich der Beginn der Dualität.

A: Ich sage niemals zu mir selber oder zu Ihnen, dass ich der Tisch bin, das wäre zu absurd. Das was ich behaupte ist, dass es keine Möglichkeit gibt sich selbst mit freier Willenskraft zu separieren, außer wenn es von draußen erforderlich ist. Sie stellen die Frage: „Was ist das?" Sie und Ich haben dieselbe Information in unserem Gedächtnis. Ob Sie jetzt ein französisches, englisches, deutsches oder lateinisches Wort benutzen, spielt keine Rolle. Der Referenzpunkt ist der Tisch, über den Sie mich etwas gefragt haben. Also sage ich, dass das ein Tisch ist, ein weißer Tisch. Wir haben beide dieselbe Information darüber. Wenn die Frage nicht aufgeworfen worden wäre, dann würde ich zu keiner Zeit darauf schauen und sagen, dass das ein Tisch ist. Das bedeutet jetzt nicht, dass ich dessen „wahllos gewahr" wäre. Das was da ist, ist nur die Reflexion dieses Objektes auf der Retina. Aber sogar diese Aussage kann nicht von mir erfahren werden, weil der Stimulus und der Effekt, eine einheitliche Bewegung sind. In dem Moment, in dem Sie sagen, dass da Gewahrsein ist, ist da bereits eine Trennung.

F: Warum erhalten wir diesen Standpunkt, diese Dualität, diese Separation aufrecht?

A: Das ist die einzige Möglichkeit, wie Sie weitermachen können wie bisher. Sonst kommen Sie an Ihr Ende. Das „Ich", wie Sie sich kennen, dieses „Ich", wie Sie sich selber erfahren, dieses „Ich" ist die Identität. Durch das konstante Abfordern des Gedächtnisses, hält es seine Kontinuität aufrecht. Falls dieses „Ich", nicht mehr da ist, dann wissen Sie nicht was passieren wird. Darum ist der Satz, „Freiheit von dem was man weiß", in gewisser Hinsicht so interessant. Wenn man einmal von seinem Wissen befreit wurde, hat man keine Möglichkeit irgendwas darüber auszusagen. Wenn ich also jemandem wie Ihnen zuhöre, der mir erzählt, dass es nötig sei sich vom Wissen zu befreien, dann ist die Betonung dessen, dass es nötig sei, bereits ein Teil des Wissens geworden. Das Denken hat Millionen über Millionen von Jahren überlebt, es kennt jeden Trick auf der Welt. Es wird alles daran setzen seine Kontinuität aufrechtzuerhalten.

F: Also kommt man durch Nachdenken wirklich nicht dazu etwas zu verstehen?

A: Es gibt überhaupt kein Nachdenken. Wenn es keinen Denker gibt, dann gibt es da auch überhaupt keine Gedanken. Man kann nicht behaupten, dass es da nur Gedanken und keinen Denker gibt. Die Gedanken kommen nicht von hier (zeigt auf seinen Kopf), sie kommen von außerhalb. Die Übersetzung einer Sinneswahrnehmung innerhalb Ihrer Erfahrungsstruktur, ist das Denken und Sie nutzen dieses Denken, um ein Ziel zu erreichen.

F: Ich muss etwas über das Denken wissen. Das ist sequenziell.

A: Nein, Sie können es versuchen. Ich bin nicht Ihr Lehrer. Was hier passiert ist ein mechanischer Ablauf, wie in einem Computer. Es operiert mechanisch, es versucht herauszufinden, ob da Informationen, die mit dem, über was wir reden in Verbindung stehen, im Computer (zeigt auf seinen Kopf) gespeichert sind. „Mal überlegen" oder „Lass mich nachdenken", sind Aussagen, die man einfach nur aus Gewohnheit macht, aber in Wirklichkeit gibt es da keine weitere Aktivität und kein Denkprozess findet statt. Es ist eine Illusion zu glauben, dass da jemand ist, der denkt und die Informationen hervorbringt.

Schauen Sie, das hier ist nicht verschieden von dem hervorragenden Instrument, das wir haben, der Suchmaschine. Man drückt einen Knopf und es sagt „bereit". Dann fragt man etwas nach und es sagt „Suche läuft". Diese Suche ist der Denkprozess, aber es ist ein mechanischer Prozess. In dieser Suchmaschine oder dem Computer befindet sich kein Denker. Falls es da irgendeine Information gibt oder etwas was dem nahe kommt, ordnet es der Computer und gibt es aus. Das ist alles was da passiert. Wir sind nicht bereit zu akzeptieren, dass das Denken mechanisch abläuft, weil das unser Selbstbild zerschlägt, dass wir nicht bloß Maschinen wären. Es ist eine außergewöhnliche Maschine, die im Grunde genommen wie die Computer funktionieren, die wir benutzen. Aber dies hier (zeigt auf seinen Körper) ist etwas lebendiges, es hat eine lebendige Qualität, es hat Vitalität. Es wiederholt nicht einfach alles mechanisch, sondern es trägt in sich die Lebensenergie ähnlich der elektrischen Energie.

F: Eines der Dinge, die die Menschen am aller häufigsten benutzen, ist die Vorstellung...

A: Die Idee, dass Sie Ihren Körper im Ganzen erfahren, stammt aus Ihrer Vorstellung. Es ist sogar unmöglich, die Ganzheit zu erfahren. Ihre Erfahrung der Schwere des Körpers beruht auf der Gravitationskraft. Manchmal spürt man die Schwere des Körpers, wenn keine Gedanken auftauchen. Es kommt vor, dass bei Jedem, die Gedanken langsamer werden, dann fühlt man sich schwerer wie das schwerste Objekt. Man fühlt sich, als ob man eine Tonne wiegt oder plötzlich wie auf Luft läuft. Dies sind eigentlich Funktionen des Körpers, welche in einigen spirituellen Begriffen beschrieben wurden und die man für so wichtig hält.

F: Daher ist es so, dass Leute die aus dieser Vorstellungswelt kommen, denken, dass man durch freies Denken manchmal zu neuen Möglichkeiten gelangt, wie man besser, einfacher oder genussvoller leben könnte...

A: Das ist Etwas, dass nicht stichhaltig und wahr ist.

F: Das ist was die Menschen annehmen. Falls jemand die Gelegenheit dazu hat, das zu tun, kann er es tun, was soll daran falsch sein?

A: Schauen Sie, es funktioniert in bestimmten Bereichen. Zum Beispiel bei einem mathematischen Problem, über das wir nachdenken. Es taucht eine Antwort auf und Sie sagen, dass das, das Ergebnis Ihres Denkens ist. Aber manchmal schöpft man alle Möglichkeiten, alle Variationen und alle Kombinationen aus, um die Lösung eines spezifischen mathematischen oder wissenschaftlichen Problems zu finden. Man ist so müde und geht schlafen, aber wenn man wieder aufsteht, ist die Antwort auf einmal da. Das ist nur im Bereich der mechanischen Probleme möglich. Das Denken kann uns bei Problemen, die das Leben betreffen, nicht helfen. Es gibt keine Möglichkeit, es dazu zu benutzen, menschliche Probleme zu lösen und deshalb ist es fehlgeschlagen. Es hat hier (zeigt auf seinen Körper) nichts verändert. Man kann von sich behaupten ein friedlicher Mensch zu sein, aber was man dann tatsächlich in der gegebenen Situation unternehmen wird, weiß man nicht. Das Verlangen danach, auf alle zukünftigen Handlungen und Situationen vorbereitet zu sein, ist die Ursache unserer Probleme. Jede Situation ist verschieden und unsere Bereitschaft, der Situation mit diesem Wissen zu begegnen kann uns nicht wirklich helfen.

F: Was soll dann „Herausforderung des Lebens" bedeuten?

A: Es ist keine Herausforderung. Die Unzulänglichkeit des Hilfsmittels, das Sie benutzen, um sich vorzubereiten und die Frage, wie man sich auf die Situation vorbereitet, sind bei mir abwesend. Es hört dann auf eine Herausforderung zu sein. Darum sage ich, dass es da keine Probleme gibt und wir uns die Probleme selber schaffen. Wenn die Lösungen, die uns von diversen Leuten gegeben wurden, nicht wirklich die Lösungen waren, dann haben wir in Wirklichkeit keine Probleme. Aber eine Tatsache ist, dass falls man keine Probleme hat, man sie sich selber erschafft. Anscheinend können wir nicht ohne Probleme leben.

F: Das ist richtig. Letztendlich sagst du, dass der Mensch nicht wirklich verschieden ist von einem Tier.

A: Ich muss zugeben, dass wir wahrscheinlich sehr viel weiter entwickelt sind, als die anderen Tiere. Das ist ein Vorteil für uns, dass wir in einer viel besseren Art und Weise funktionieren, obwohl ich ungern das Wort „besser" benutzen möchte, sondern lieber „in einer natürlicheren Weise". Wir sind von einigen Gefahren befreit. Alle möglichen Probleme können mit dieser hochentwickelten

Struktur, mit der wir ausgestattet wurden, gehandhabt werden. Darum sind das, was wir „psychische Kräfte" nennen, Hellsehen, Hellhören usw., bereits in den Tieren vorhanden und in uns ebenfalls. Durch Techniken wie Meditation und Ähnlichem, kann es passieren, dass die Gedanken sich verlangsamen und dann diese, sogenannten Kräfte, kurzzeitig erfahren werden. Man denkt, dass das dann die spirituellen Erfahrungen sind. Vielleicht ist der Organismus bei uns sensibler, als bei den Tieren. Ich weiß es nicht, ich kann keine eindeutige Aussage machen. Es gibt keine Möglichkeit, wie wir tatsächlich herausfinden könnten, wie Tiere funktionieren. Die ganzen Spielereien und Ideen, wie man seine eigene Geburt wieder erfahren kann und dass man wiedergeboren wird, alles das und viele andere Dinge die in die Richtung gehen, sind absoluter Schwachsinn, weil man versucht zu dem Punkt in der Zeit zurückzugehen und es von dort aus zu erfahren. Aber was man tatsächlich erfährt, ist etwas von dem Punkt, an dem man sich jetzt befindet. Man benutzt all diese Erfahrungen, färbt sie ein und stellt sich vor, dass man seine eigene Geburt erfährt. Das ist gut für das Marketing der „Wiedergeburt" Geschäftsleute, aber da ist nichts weiter dran.

F: Warum haben die Menschen einige Charaktereigenschaften entwickelt, welche sie zu solchen meisterhaften Zerstörern der Erde, des Wassers, der Luft und fast allem um sie herum gemacht hat?

A: Wie ich bereits ausgeführt habe, sind die Gründe dieser Zerstörung, das Getrennt sein von der Totalität der Dinge um uns herum, die Idee, dass die ganze Welt zu unserem Nutzen geschaffen wurde und dass wir für einen größeren und nobleren Zweck geschaffen wurden, als all die anderen Spezies auf diesem Planeten. Dieser mächtige Einsatz des Denkens, ist das was zerstörerisch ist. Das Denken ist ein sich selbst schützender Mechanismus, deswegen ist alles was aus dem Denken heraus geschaffen wird, zerstörerisch. Ob es um religiöses Denken, wissenschaftliches Denken oder politisches Denken geht – sie sind alle zerstörerisch. Aber wir sind nicht bereit zu akzeptieren, dass es das Denken ist, das unser Feind ist. Sie können alle möglichen Sachen erfinden und versuchen sich vom Würgegriff des Denkens zu befreien, aber es gibt keine Möglichkeit, wie wir den Fakt akzeptieren können, dass das nicht das Instrument ist, das uns dabei hilft vernünftig und intelligent in dieser Welt leben zu können. Das Denken ist ein sich selbst in Gang haltender Mechanismus. Es kontrolliert, formt und bildet unsere Ideen und Handlungen. Idee und Handlung, sind beide ein und dasselbe. All unsere Handlungen entstanden aus Ideen. Unsere Ideen sind Gedanken, die von Generation zu Generation weitergegeben wurden. Es hilft uns aber nicht in Harmonie mit dem Leben um uns herum zu sein. Darum verursachen wir diese ganzen ökologischen Probleme und das Problem der möglichen Zerstörung unserer selbst mit den gefährlichsten Waffen die wir erfunden haben. Es gibt also keinen Ausweg. Man könnte mich einen Pessimisten, einen Zyniker oder dies oder das nennen. Aber ich hoffe, dass wir eines Tages begreifen, dass die Fehler, die wir gemacht haben, alles zerstören werden. Der Planet ist nicht in Gefahr, wir sind die, die in Gefahr sind.

F: Falls wir in Gefahr sind, dann könnten wir doch auf einen anderen Planeten ziehen. Der Überlebenswille – woher kommt der Wille jenseits des Todes vom Körper und seines unvermeidlichen Niederganges überleben zu wollen?

A: Sie wissen in bestimmter Hinsicht, dass das was Sie als sich selbst kennen, zu einem Ende gelangt. Sie haben sechzig, siebzig oder hundert Jahre gelebt, Sie haben so viele Erfahrungen gemacht, Dinge geschaffen, so viele Ziele erreicht und jetzt soll das alles ein sein Ende kommen und nichts hinterlassen? Daher erschaffen wir natürlicherweise ein „Jenseits".

F: Warum haben wir es zugelassen, dass eine Illusion oder Unwirklichkeit in unserem Bewusstsein oder unserem Denken fortbesteht…?

A: Sie sind nicht getrennt von dieser Illusion, Sie sind diese Illusion. Falls eine Illusion fällt, wird sie immer von einer anderen Illusion ersetzt. Warum? Weil das Ende der Illusion, das Ende von „Ihnen" bedeutet. Das ist der Tod. Das Ende des Glaubens ist das Ende des „Ich", das da ist. Es ist daher nicht der romantische oder poetische Tod der damit gemeint ist. Es ist der physische Tod, der die einzige Möglichkeit darstellt, die ganze Kultur aus Ihrem System zu spülen.

F: Ich denke, ich kann in einer gewissen Weise die Illusion erkennen.

A: Das ist eine andere Illusion. Die Illusion ist, dass „das Sehen das Ende bedeutet". Es ist unmöglich sich selbst und das Sehen zu trennen. Das Sehen ist die Illusion und der Seher ist Illusion. Der Seher sagt zu sich selbst, „Sehen bedeutet enden", aber es endet nicht. Also will der Seher nicht an ein Ende kommen. Der Seher ist die Illusion. Ich weiß nicht, ob es vielleicht besser wäre, über diese Dinge nicht zu diskutieren. Durch die Erfindung dessen, was man „das Sehen der Illusion bedeutet das Ende" nennt, sammelt der Seher neue Kraft um weitermachen zu können. In dem Moment, wenn Sie etwas „sehen" möchten, haben Sie sich von dem Objekt getrennt und der Seher erscheint. Durch dieses sehen erhält er seine Kontinuität aufrecht. Deswegen hat uns das sehen nicht geholfen, es endete im nichts.

F: Dieser Dialog, unser gemeinsames Gespräch – wie würdest du das bezeichnen? Ist es bloß ein physischer Austausch... dieses Zusammenspiel das hier jetzt vorgeht?

A: Ich will das alles wirklich nicht die ganze Zeit wiederholen müssen. Dies ist bloß eine Puppe die hier sitzt, genauer, zwei Puppen, zwei Computer, zwei Kassettenrekorder die hier spielen, nicht mehr.

F: Was auch immer du sagst, wird es nicht irgendeine Art von Veränderung in uns auslösen?

A: Überhaupt keine. Sie hören mir nicht einmal zu. Es gibt keine Kunst des Zuhörens. Sie hören mir überhaupt nicht zu. Mir zuzuhören liegt nicht in Ihrem Interesse, stattdessen interpretieren Sie.

F: Ich bin mir dessen bewusst. Hier ist auf jeden Fall eine Art von Zuhören. Ich versuche den Schlüssel in die Tür zu bekommen.

A: Wir brauchen solche Phrasen wie, „Ich bin mir diesem oder jenem bewusst", nicht zu benutzen. Falls sie anfangen, das was man „Gewahrsein" nennt zu praktizieren, werden Sie den Weg der Alzheimer Krankheit gehen, die immer mehr Menschen zu treffen scheint. In Ihrem Beispiel ausgedrückt, haben Sie dann den „Schlüssel" in der Hand und wissen nicht, was Sie damit machen sollen.

F: Dann sagst du also, dass der Körper eine enorme Intelligenz aus sich selbst heraus besitzt, weil all seine Funktionen sehr gut auf ihre eigene Weise miteinander interagieren.

A: Unser Interesse, dem Körper etwas beizubringen, in das er nicht interessiert ist, löst die ganzen Probleme aus.

F: Gibt es noch etwas, was du uns sagen möchtest?

A: Was sagen? Ich habe doch schon mehr als genug gesagt.

F: Auf jeden Fall. Es gibt da noch etwas, was ich fragen wollte, was den physischen Schmerz im Körper betrifft.

A: Ob man den Schmerz bekämpfen sollte. Wenn Sie schmerzen haben, nehmen Sie eine Tablette. Ich sage nicht, dass man nichts dagegen machen sollte und den Körper stattdessen leiden und durch das alles hindurchgehen lassen müsste. Sie würden sogar bloß zusätzlichen Schmerz schaffen. Falls etwas schmerzt, würde auch ich eine Tablette nehmen, um mich kurzzeitig von dem Schmerz zu befreien, weil es da keinen speziellen Anreiz dazu gibt, spirituell oder sonst wie, sich selbst oder anderen zu beweisen, dass wir Schmerzen aushalten können. Darüber reden wir nicht. Aber was wir machen können ist, den Schmerz in Ruhe zu lassen, ohne ihn die ganze Zeit zu behindern.

Wir denken, wir wüssten viel mehr als dieser Körper. Wir denken wir wüssten, was gut für diesen Körper ist, wir schaffen aber eher Probleme für ihn. Er weiß, was er wissen muss und will nichts von uns lernen. Falls wir diese simple Beziehung, die das Denken und der Körper haben, verstehen, dann werden wir dem Körper erlauben das Denken nur für bestimmte funktionale Zwecke zu benutzen. Das Denken ist nur für einige bestimmte funktionale Zwecke wichtig und kann uns nicht dabei helfen irgendwelche imaginären Ziele zu erreichen.

F: Gibt es also keinen physischen Zweck für Schmerzen?

A: Es ist ein Heiler, denn Schmerz ist ein Heilungsprozess. Aber wir sind paranoid. Wir sind überängstlich, zu erreichen, dass wir nicht leiden. Ich sage nicht, dass Sie sich nicht um Hilfe bemühen sollten, wenn welche vorhanden ist. Es ist sinnlos zu leiden wie die Heiligen im Christentum, die gelitten haben und nicht zum Arzt gingen. Was wir dann tatsächlich zu gegebener Zeit unternehmen werden, entscheidet sich meist sowieso Situationsbedingt.

Belassen wir es dabei. Falls Sie sich einen Sinn aus dem machen können was wir bisher besprochen haben, dann gut. Wenn nicht, dann halt nicht. Ich wünsche mir, dass sich niemand das alles merken würde. Falls Sie sich etwas davon merken, ist es verloren. Ich versuche damit nicht zu sagen, dass das hier auf irgendeiner mysteriösen Art, das ganze menschliche Bewusstsein beeinflussen würde.

F: Ich denke auch, dass Schmerzen heilend sind. Ich widerspreche dem nicht, aber Schmerz ist angeboren.

A: Es ist da. Es versucht uns zu heilen auf Grund eines Ungleichgewichtes. Es ist wie gesagt nichts Besonderes daran, leiden zu ertragen. Wenn es eine helfende Hand gibt, die das ganze etwas erträglicher machen kann, dann schlage ich vor, dass Sie das nutzen.

F: Falls Schmerzen im Knie, im Rücken oder im Kopf auftreten, sind sie ja schon da…

A: Alles, was wir jetzt darüber diskutieren ist sinnlos, weil wir jetzt keine Schmerzen haben. Falls Schmerzen da wären, würden wir nicht so lange diskutieren, eine Handlung würde stattfinden.

Q: Ja, das ist richtig.

A: Ihr Wertesystem ist das, was für die tiefsitzenden menschlichen Übel und Tragödien verantwortlich ist, das Jeden dazu zwingt in dieses System zu passen.

# Kapitel 2

## Wirf deine Krücken weg!

F: Analysieren wir erst einmal diese schöne Vorstellung des Glücks, auf das jeder Mensch auf der Suche ist. Kannst du uns sagen, um was es sich bei Glück handelt?

A: Sie mögen nicht mit mir übereinstimmen, aber wenn wir über die Suche nach Glück sprechen, dann unterscheidet es sich nicht von irgendeiner anderen sinnlichen Aktivität. Fakt ist, dass alle Erfahrungen, wie auch immer außergewöhnlich diese sein mögen, im Bereich der Sinne sind. Das ist ein großes Problem, dem wir uns heutzutage stellen müssen.

Eines Tages, hat die menschliche Spezies dieses Selbst-Bewusstsein zum ersten Mal erfahren. Daraufhin wurde die menschliche Spezies vom Rest der Spezies auf diesem Planeten getrennt. Ich bin mir nicht sicher, ob es so etwas wie Evolution gibt, aber wir wurden glaubend gemacht, dass es so etwas gäbe. Zu dieser Zeit, nahm wahrscheinlich das Denken seinen Anfang. Aber das Denken ist von Anfang an, in seinem Ursprung, in seinem Ausdruck und in seinen Handlungen, sehr faschistisch. Wenn ich das Wort „faschistisch" benutze, dann benutze ich es nicht im politischen Sinne, sondern ich meine damit, dass das Denken unsere Handlungen und Entscheidungen kontrolliert und formt. Es ist also ein starker Schutzmechanismus. Ohne Zweifel hat es uns geholfen, das zu sein, was wir heute sind. Es hat uns geholfen unsere Technologien und Hochtechnologien zu entwickeln. Es hat unser Leben sehr komfortabel gemacht und hat es möglich gemacht die Gesetze der Natur zu erforschen. Zur selben Zeit aber, ist das Denken dem Funktionieren dieses lebenden Organismus fundamental entgegengesetzt.

Wir wurden glaubend gemacht, dass es da so etwas wie einen Verstand (engl.: mind) gäbe. Aber so etwas wie meinen Verstand und Ihren Verstand, gibt es nicht.

Die Gesellschaft, die Kultur oder wie auch immer Sie es nennen mögen, hat uns einzig und allein zum Zweck der Aufrechterhaltung seiner Kontinuität und des Status quo geschaffen. Zur selben Zeit hat es die Idee geschaffen, dass es so etwas wie ein Individuum gäbe. Aber in Wirklichkeit ist da ein Konflikt zwischen den beiden – die Idee eines Individuums und die Unmöglichkeit als ein Individuum separat und verschieden von der Totalität der menschlichen Gedanken und Erfahrungen zu funktionieren.

F: Wer lässt uns in dieser bestimmten Art denken?

A: Ich möchte zu diesem Punkt betonen, dass Gedanken nicht selbst-generiert und spontan sind. Ich würde einen Schritt weitergehen und fragen ob es denn überhaupt so etwas wie Denken gibt. Was ist Denken? Die Frage taucht nur wegen der Annahme auf, dass es so etwas wie Denken geben würde und dass wir uns davon trennen und es betrachten könnten.

Wir benutzen das, was wir denken nennen, um unsere spirituellen oder materiellen Ziele zu erreichen. Wir mögen die spirituellen Ziele als etwas „höheres" erachten. Die indische Kultur in welcher ich mich bewege, setzt die spirituellen Ziele auf eine höhere Stufe als die materialistischen Ziele. Aber das Instrument, welches wir benutzen ist Materie, das Denken ist. Das Denken ist für mich Materie. Daher sind alle unsere spirituellen Ziele in ihrem Wert materialistisch und das löst Konflikte aus. In diesem Prozess hat die Totalität der menschlichen Erfahrungen, das was wir separate Identität und separaten Verstand nennen, geschaffen. Aber wenn man etwas erfahren will, sei es der eigene Körper oder die eigenen Erfahrungen, dann gibt es keine Möglichkeit sie zu erfahren, ohne das Wissen, das uns gegeben wurde. In anderen Worten würde ich sagen, dass das Denken, das Gedächtnis ist. Alles was aus dem Denken heraus geschaffen wird, ist zerstörerisch. Alles was wir entdecken, die Gesetze der Natur oder wie auch immer man es nennen will, werden zu zerstörerischen Zwecken benutzt. Es ist wahr, dass wir einige Gesetze der Natur entdeckt haben, aber die Theorien wechseln beständig.

F: Können wir nicht wenigstens versuchen, diesen Denkprozess weiterzuentwickeln, sodass er konstruktiv und positiv wird?

A: Das Denken ist nicht das Instrument, um etwas anderes zu erreichen, als die Ziele, die uns von der Gesellschaft oder der Kultur gegeben wurden. Das Hauptproblem, das wir heute haben ist: die kulturellen Vorgaben oder was die Gesellschaft uns als Ziele vorgegeben hat, die es zu erreichen oder erlangen gilt, sind die Feinde dieses lebenden Organismus. Das Denken kann nur Probleme schaffen, es kann uns nicht helfen sie zu lösen.

F: Ist es dann wünschenswert, gedankenlos zu sein?

A: Über was ich rede ist kein gedankenloser Zustand. Sogar die Erfindung dessen, was man einen gedankenlosen Zustand nennt, der uns von vielen spirituellen Lehrern als ein Ziel vorgegeben wurde, wurde durch das Denken erschaffen, sodass es mit der Hilfe des gedankenlosen Zustandes fortfahren kann und seine Kontinuität aufrecht erhält. Was auch immer wir also in dem Prozess des Erreichens eines gedankenlosen Zustandes erfahren, verstärkt und befestigt genau das, von was wir uns versuchen zu befreien.

F: Wir haben diese Theorie von Ursache und Wirkung, die besagt, dass das was man sät, ernten wird. Denkst du nicht, dass es für jede Aktion unsererseits, ob es nun ein Gedanke oder irgendeine Handlung ist, eine Reaktion gibt, auch wenn nicht sofort, dann aber zumindest nach einiger Zeit?

A: Es ist das Denken, dass die Ideen von Ursache und Wirkung geschaffen hat. Es kann so etwas wie eine Ursache überhaupt nicht geben. Jedes Ereignis ist ein individuelles und unabhängiges Ereignis. Wir vernetzen alle diese Ereignisse und versuchen daraus eine Geschichte unseres Lebens zu machen. Wenn wir den Fakt akzeptieren, dass jedes Ereignis ein unabhängiges Ereignis in unserem Leben ist, dann löst das gewaltige Probleme für die Fortführung unserer Identität aus und die Identität ist der wichtigste Faktor in unserem Leben. Wir sind in der Lage diese Identität durch beständige Betätigung unseres Gedächtnisses aufrecht zu erhalten, das das Denken ist. Diese konstante Betätigung des Gedächtnisses verbraucht eine enorme Menge an Energie und es lässt uns mit sehr wenig Energie zurück, um mit den Lebensproblemen fertig zu werden. Gibt es da irgendeine Möglichkeit, wie wir uns von der Identität befreien können? Wie gesagt, das Denken kann nur Probleme erschaffen, es kann uns nicht helfen sie zu lösen. Durch dialektisches Denken über das Denken selbst, schärfen wir bloß dieses Instrument. Alle Philosophien helfen uns nur dabei dieses Instrument zu schärfen.

Das Denken ist sehr wichtig für uns, um in dieser Welt zu überleben. Aber es kann uns nicht dabei helfen die Ziele zu erreichen, die uns vorgegeben wurden. Diese Ziele sind mit der Hilfe des Denkens unerreichbar. Die Suche nach Glück, wie Sie erwähnt haben, ist unmöglich, weil es so etwas wie permanentes Glück nicht gibt. Es gibt Momente des Glücks und es gibt Momente des Unglücks. Aber das Verlangen nach einem permanenten Zustand des Glücks, ist der Feind dieses Körpers. Dieser Körper ist daran interessiert die Sensibilität der Sinneswahrnehmungen und die Sensibilität des Nervensystems aufrecht zu erhalten. Das ist essentiell für das Überleben dieses Körpers. Wenn wir dieses Denkinstrument dafür benutzen, das unmögliche Ziel des permanenten Glücks zu erreichen, wird die Sensibilität des Körpers zerstört. Deswegen stößt der Körper alles ab, in das wir interessiert sind – permanentes Glück und permanentes Vergnügen. Deshalb werden wir keinen Erfolg haben bei dem Versuch in einem permanenten Zustand des Glücks zu sein.

F: Du hast vom Intellekt und vom schärfen des Intellekts gesprochen…

A: Um in dieser Welt zu überleben.

F: Ja. Wie schärfen wir es? Mit wessen Hilfe?

A: Durch einen Wiederholungsprozess können wir dieses Instrument schärfen. Aber wir verbrauchen eine enorme Menge an Energie für diesen Prozess. Wenn wir den Denkprozess darauf beschränken, das zu erreichen, was wir als materialistische Werte auffassen und nicht irgendwelche spirituellen Ziele, dann wird es möglich für uns vernünftig und intelligent zu leben. Das bedeutet nicht, dass ich eine materialistische Philosophie oder etwas in der Art lehre. Das Denken ist nicht dafür geschaffen, spirituelle Ziele oder sogar die Signifikanz, die Bedeutung oder den Zweck des Lebens herauszufinden oder zur Suche nach Permanenz und permanentem Vergnügen zu benutzen.

F: Wir sind vertraut mit der Theorie von Geburt und Tod, Karma, Aktion und Reaktion oder so was in der Art wie ein Kontostand, den wir mit uns bringen, etwas hinzufügen, dann etwas verbrauchen und dann zur nächsten Geburt mitnehmen. In wie weit würdest du dich dieser Theorie anschließen oder bist du gegenteiliger Meinung?

A: Ich habe keine gegenteilige Meinung zur Theorie von Karma und Wiedergeburt. Aber ich stelle das Fundament des Glaubens daran an sich in Frage. Es gibt die Wiedergeburt für diejenigen die daran glauben und keine Wiedergeburt für die, die nicht daran glauben. Aber gibt es so etwas wie Wiedergeburt als ein Gesetz der Natur, wie die Schwerkraft oder andere Gesetze? Meine Antwort ist nein.

Es ist letztendlich egal ob Sie an die Wiedergeburt glauben oder nicht. Falls jemand daran interessiert ist, es selber, für sich selber herauszufinden und das Problem der Wiedergeburt zu lösen und eine Antwort darauf zu finden, braucht er nur die fundamentale Frage zu stellen: „Was ist jetzt da, das wiedergeboren wird? Ist da irgendwas? Ist da so etwas wie die Seele? Ist da so etwas wie ein „Ich"?" Was auch immer Sie da sehen, wird von dem Wissen erschaffen, das Sie von sich selbst haben. Falls sie genug Glück haben, um von der Totalität des Wissens befreit zu werden, ist es dann möglich für Sie, irgendeinen Mittelpunkt, „Ich", „Selbst" oder Seele zu erfahren? Daher ist für mich, das „Ich", nichts anderes als das erste Person Singular Pronomen und ich sehe hier keinen Mittelpunkt oder ein Selbst. Deshalb ist die ganze Idee, bezüglich der Wiedergeburt, auf dem Fundament Ihres Glaubens aufgebaut.

F: Was ist es, das Jemanden im Laufe der Zeit zu einer großartigen Persönlichkeit und einen anderen unbeweglich und in seiner mentalen Leistungsfähigkeit stagnierend macht? Würdest du das auf eine inhärente Gabe zurückführen?

A: Wir waren immer neugierig und daran interessiert, herauszufinden ,warum ein Kind mit Behinderungen geboren wird. Die Wiedergeburt ist eine sehr interessante Theorie, die eines Tages vom menschlichen Verstand entwickelt wurde, um solche Begebenheiten zu erklären und es gab uns Trost in der Konfrontation mit der Situation, dass wir solche Menschen unter uns haben. Aber jetzt ist es für uns möglich, durch die Hilfe genetischer Forschung und der Mikrobiologie, solche Behinderungen, die von der Natur geschaffen wurden, zu korrigieren. Warum sollten wir dieses Unglück auf etwas Schlimmes, das wir in unserem vorherigen Leben getan haben, zurückführen wollen? Dieser Glaube ist sehr bequem für uns. Wir haben heutzutage großes Leiden inmitten unserer

Gesellschaft, große Armut, Hunger und Degeneration. Es ist sehr bequem für uns zu glauben, dass die Menschen leiden, weil sie in Ihrem vorherigen Leben etwas Schlimmes gemacht haben. Das ist keine angemessene Antwort. Wir nehmen bloß Zuflucht im Glauben und tun nichts um das Problem zu lösen. Dieser Glaube ist weder spirituell noch human. Im Namen von etwas humanem, haben wir inhumane Taten verübt. Der Glaube an die Wiedergeburt hilft uns nur wegzusehen und nicht mit dem Problem fertigzuwerden.

F: J. Krishnamurti hat immer den Fakt betont, dass niemand einen Guru benötigt. Du würdest ja auch nicht für irgendjemanden ein Guru sein wollen. Welche Rolle spielt heute ein Guru, der dem Schüler den Weg weist?

A: Ich denke, „Guru", passt heutzutage nicht mehr, für all die spirituellen Abzocker, die wir heute auf dem Marktplatz haben, die ihre schäbigen Waren verkaufen und die Leichtgläubigkeit und Gutgläubigkeit der Menschen ausbeuten. Ein Guru ist Jemand, der Ihnen sagt, dass Sie all Ihre Krücken wegwerfen sollen, die uns glaubend gemacht wurden, dass wir sie zum Überleben benötigen. Der wahre Guru sagt Ihnen: „Schmeiß sie weg und ersetze sie nicht mit irgendwelchen Fantasie Krücken oder computerisierten Krücken. Sie können laufen und wenn Sie fallen, werden Sie wieder aufstehen und weiterlaufen." So ist ein echter Guru, wie ich ihn auffasse oder wie ihn sogar die Tradition auffasst. Heute ist es ein Geschäft, es wurde zu einem „heiligen Geschäft". Ich verurteile nichts davon. Aber solange Sie von irgendjemandem abhängig sind, der Ihre Probleme löst, solange bleiben Sie hilflos. Diese Hilflosigkeit wird von Leuten ausgebeutet, die wirklich keine Antworten auf Ihre Probleme haben, aber sie geben Ihnen eine Art Trost. Die Leute sind zufrieden mit diesen Trostmitteln und fallen darauf herein, anstatt selber mit Ihren Problemen fertig zu werden.

F: Die Spiritualität des Ostens und die Spiritualität des Westens tauschen sich heutzutage allmählich aus und du hast jetzt die Resultate von beiden gesehen. Was ist das Allheilmittel für das menschliche Elend, den Mangel und dieser Art von Leiden, mit dem sich Jeder auf diesem Planeten herumschlagen muss. Jeder hat etwas was er noch will, etwas was er immer noch sucht, dem er hinterherrennt.

A: Als wir die Diskussion begonnen haben, habe ich gesagt, dass die Suche nach Glück alles ist, in was jeder interessiert ist, ob es nun ein Russe, ein Amerikaner, ein Afrikaner oder ein Inder ist. Es ist aber unmöglich dieses Ziel zu erreichen, wegen des physischen Problems (der Körper kann das nicht aushalten), das an dem zu erreichenden Ziel beteiligt ist. Es wird angenommen, dass der Westen materialistisch ist und dass es für die spirituelle Führung nach Osten schaut. Das ist nicht wirklich wahr. Falls Sie für einen längeren Zeitraum im Westen gewohnt haben, werden Sie feststellen, dass die, die an Spiritualität interessiert sind nicht die Leute sind, die die Geschicke der Welt leiten. Was für dieses plötzliche Interesse in die Spiritualität und die Hinwendung nach Osten für Beistand verantwortlich ist, sind Drogen. Sie gaben Ihnen eine neue Art der Erfahrung. Aber sie waren nicht zufrieden mit bloßem Wiederholen dieser Erfahrungen. Sie haben nach Variationen dieser religiösen Erfahrungen gesucht, egal ob sie aus Indien, Japan oder aus China kamen. Sie wurden von diesen Dingen wegen der neuen Sprachen und der neuen Techniken angezogen.

Tatsache ist, dass wenn Sie einmal alles haben, nach was Sie vernünftigerweise in dieser Welt fragen können und für alle materiellen Bedürfnisse gesorgt ist, dann taucht natürlicherweise die Frage, „Ist das alles?", auf. Wenn Sie sich einmal die Frage, „Ist das alles?" stellen, dann haben Sie einen gigantischen Markt für diese bestimmte Art von Geschäft geschaffen, „das heilige Geschäft". Diese Leute beuten die Leichtgläubigkeit und Gutgläubigkeit der Menschen aus, statt ihnen zu helfen die wesentlichen Probleme, die menschlichen Probleme, zu lösen. Es ist nicht so einfach. Also müssen wir solche Fragen immer und immer wieder stellen. Aber die ganzen Fragen die wir stellen, stammen aus den Antworten, die wir schon haben. Es kommt bei uns nie vor, dass wir uns fragen, warum wir weiterhin Fragen stellen, wenn wir doch schon die Antworten haben, die uns von den Heiligen und den Rettern der Menschheit gegeben wurden. Wir scheitern daran zu realisieren, dass die Antworten, die sie uns gegeben haben, die sind, die für die ganze Tragödie der Menschheit verantwortlich sind. Wir hinterfragen sie nicht. Falls wir die Antworten hinterfragen, würden wir damit auch die Lehrer hinterfragen. Falls die Menschheit frei sein soll von seinem eigens geschaffenen Chaos, dann muss es von den Rettern der Menschheit befreit werden. Das bedeutet nicht, dass alles zerstört werden würde. Man muss Fragen stellen, die nicht aus den schon gegebenen Antworten stammen. Aber gibt es da irgendwelche Fragen? Das ist alles. Hier endet es und die Lösung ist da, für die Menschheit.

Wir wurden von der Kultur und der Gesellschaft einzig und allein zu einem einzigen Zweck geschaffen: die Aufrechterhaltung seiner Kontinuität und des Status Quo.

# Kapitel 3

## Der Roboter träumt

F: Du hast erwähnt, dass du dich an die Erfahrung dessen, was passiert ist, als du bei Ramana Maharshi warst, nicht mehr erinnern kannst. Aber aus der Gehirnforschung weiß man, dass das Gehirn jede Erfahrung in unserem Leben aufzeichnet. Ist es alles irgendwo im Gehirn abgespeichert? Wie würdest du das erklären?

A: Was ich denen, die daran interessiert sind mir zuzuhören, zu erklären versuche ist, dass es keine Totalität der Erfahrungen gibt. Das Gedächtnis enthält Einzelbilder. Um zu erklären was ich damit meine, wenn ich sage, dass alles in Einzelbildern abgespeichert ist und dass der ganze menschliche Körper von Moment zu Moment funktioniert, muss ich auf ein wichtiges Detail hinweisen und zwar wie sich die Sinne verhalten. Das was es da gibt, ist nur eine Reaktion auf einen Stimulus. Die Reaktion wird nirgendwo übersetzt, bis auf, dass es die Stimuli in derselben Weise registriert, wie Informationen registriert werden, wenn Bilder von einer Diskette auf die andere transferiert werden. Es gibt da keine Vernetzung dieser ganzen Reaktionen. Jedes davon ist ein unabhängiges Einzelbild. Sehr viel Vorstellungskraft ist notwendig bei unserem Versuch zu verstehen, was da eigentlich passiert.

Ich war, zum Beispiel ,mal mit einem Freund an einem Ferienort in den Bergen in Indien. Er sagte, dass wenn er den Gipfel von einem bestimmten Berg erreicht, er dann eine 360 Grad Sicht auf den ganzen Ort haben würde. Also schleppte er mich mit auf die Spitze. Widerwillig und zögernd habe ich mich auf den Gipfel des Berges gequält und versucht, das was er eine 360 Grad Sicht des ganzen Ortes nannte, zu erfahren. Ich sagte zu mir: „Der Bursche bildet sich den Schwachsinn ein und stellt sich irgendwelche Dinge vor". Wie sollte es denn möglich sein eine

360 Grad Sicht zu erreichen? Ich kann bloß 180 Grad sehen. Also ist das, was er denkt zu erfahren, nur aus seiner Vorstellung heraus entstanden. Dieses hier (zeigt auf sich selbst) ist singularisch außerstande, Vorstellungen zu erschaffen. Die Übersetzung von Sinneswahrnehmungen in Vorstellungen, ist bedingt durch die kulturelle Konditionierung. Wenn meine Augen nicht auf Sie gerichtet sind, dann gibt es keine Möglichkeit, dass dieser Organismus (zeigt auf sich selbst), eine Vorstellung davon machen kann wie Sie aussehen. Das Problem ist die Erschaffung von Vorstellungen, die Ihrer Einbildung und der kulturellen Konditionierung entstammt.

F: Ich höre zu.

A: Was ich also versuche zu sagen ist, dass das, was das Gehirn macht, eine Übersetzung dieser Sinneswahrnehmungen in eine Gedächtnisstruktur ist. Das Gedächtnis ist keine konstante Größe. Der Prozess läuft so ab, dass wenn das Licht auf das Objekt fällt und Ihre optischen Nerven aktiviert, dann ein Abbild auf die Retina geworfen wird. Das ist, was wir von unserem Biologieunterricht noch kennen und was die Physiologen uns beigebracht haben. Aber falls Sie tatsächlich wissen wollen, wie das aussieht, auf was Sie schauen, dann ist es etwas was von Ihnen nicht erfahren werden kann. Ich gebe Ihnen dieses Beispiel, um Sie von vielen Vorstellungen zu befreien, von dem was man meint, dass es das Gedächtnis wäre. Wenn einmal die optischen Nerven aktiviert sind, aktivieren diese wiederum die Neuronen im Gehirn und damit auch das Gedächtnis, wo es uns nun mitteilt, ob das Objekt dies oder das ist. Also ist das nächste Einzelbild vom vorherigen völlig verschieden.

Ich gebe Ihnen eine Filmkamera als Beispiel. Die Filmkamera erfasst alles was passiert in Einzelbildern. Nehmen Sie zum Beispiel die Bewegung meiner Hand von hier nach dort – es braucht zehn verschiedene Einzelbilder um zu zeigen, dass meine Hand sich von hier nach da bewegt hat. Um die Bewegung auf dem Bildschirm sehen zu können, müssen Sie etwas Künstliches verwenden, das man Projektor nennt. Nur dann sehen Sie die Bewegung der Hand, künstlich geschaffen mit der Hilfe des Projektors. Der Ton entsteht ähnlich wie in der Filmindustrie, er ist 19,5 Bilder hinter den dazugehörigen Filmbildern. Es gibt also einen Abstand. Das Denken ist auf exakt derselben Weise sehr langsam. Wenn es anfängt, das „was auch immer da ist", mit seiner Struktur zu erfassen, haben sich

Ihre Augen woanders hinbewegt und das was davor war, wird dadurch komplett ausgelöscht.

F: Das erinnert mich an einen Fernseher, das müsste auch ein gutes Beispiel sein. Da existiert das Bild auch niemals wirklich. Es ist nur eine Sammlung von Punkten. Erst das Gehirn fügt die Bilder zusammen.

A: Das Gehirn funktioniert in genau derselben Weise. Die Gesamtheit wird in Punkten registriert und die Bilder einzeln aufgenommen. Es ist eine Illusion, dass da jemand ist, der auf die Dinge schaut. In Wirklichkeit ist da niemand der auf die Dinge schaut. Es mag sehr seltsam klingen, wenn ich sage, dass da niemand ist, der spricht. Sie sind derjenige der mich zum Sprechen bringt, denn es ist niemand hier (zeigt auf sich selbst) der spricht. Niemand ist hier. Es hört sich sehr komisch an, aber so ist es. Es ist so mechanisch, aber wir sind noch nicht bereit diese mechanische Funktionsweise des lebenden Organismus zu akzeptieren.

F: Also hast du kein Gefühl der Identität, keine persönliche Identität deiner selbst?

A: Auf keinen Fall, weil es hier keinen Mittelpunkt gibt, gibt es hier keine Psyche und kein „Ich". Das einzige „Ich" was es hier gibt, ist das erste Person Singular Pronomen. Das ist alles. Es gibt nichts, zudem Sie „Ich"sagen könnten. Deswegen kann ich zu mir selber nicht sagen, dass ich ein freier Mann bin oder ein Erleuchteter. Es gibt auch keine Möglichkeit, dass ich weiß, dass Sie kein Erleuchteter oder ein freier Mann sind. Es gibt für mich keinen Grund Sie zu befreien oder zu erleuchten, weil ich, um das tun zu können, ein Selbstbild von mir brauche und in Beziehung dazu kann ich dann ein Bild von Ihnen machen. Also sind die Selbstbilder die wir haben, in Beziehung zu dem was wir gerne sein würden, was wir meinen zu sein, was wir sein sollten und was wir sein müssen.

F: Wenn du um die Welt reist, sammeln sich immer Leute um dich herum. Warum sammeln sich Leute um dich, wieso kommen sie um dich zu sehen?

A: Sie denken immer noch, dass ich ihnen helfen kann. Ich erzähle Ihnen über eine Konversation die vor kurzem in Bangalore stattgefunden hat. Ich bezeichne sie alle als meine Freunde. Ich habe keine Verehrer, Jünger oder Anhänger. Ich sage ihnen, dass sie meine Anhänger sind, weil sie alles was ich sage wiederholen. Sie merken sich meine Aussagen und wiederholen sie. Da braucht man sich nichts vorzumachen in der Hinsicht, dass sie meine Anhänger sind. In dem Moment, wenn Sie etwas wiederholen, das nicht Ihres ist, werden sie zu Anhängern von jemandem.

Als ich zu einer bestimmten Gelegenheit mit Vehemenz behauptet habe, dass was auch immer mit mir passiert ist, trotz allem passiert ist, also trotz meinem Treffen mit Ramana Maharshi, trotz meiner Kontakte zu J.Krishnamurti und meinen persönlichen Gesprächen mit ihm und trotz all der Dinge die von jemandem erwartet werden, der ein Erleuchteter Mann sein will. Ein Freund, der im Publikum saß, meinte daraufhin: „Wir können deine Aussage nicht akzeptieren, dass es „trotz" alledem passiert ist…" Er sagte, dass meine Aussagen irrelevant sind: „Das Problem ist sehr simpel – falls wir akzeptieren würden was du sagst, genauer, dass was auch immer mit dir passiert ist, ohne den Bezug zu dem was du getan hast passiert ist und dass das was du dafür getan hast irrelevant war, dann verlieren wir die einzige Hoffnung, die wir in dich haben. Wir spüren immer noch, dass wir den Glauben in dich nicht verlieren können, obwohl wir den Glauben an all die anderen verloren haben." Ich antwortete ihm, dass das genau die Einstellung ist, die es ihm unmöglich macht sich von dem zu befreien, von was auch immer er versucht sich zu befreien, weil er das eine durch das andere ersetzt hat. Das ist alles was wir tun können. Eine Illusion wird mit einer anderen Illusion ersetzt und ein Lehrer wird durch einen anderen ersetzt. Es gibt keine Möglichkeit weiterzumachen, ohne das eine mit etwas anderem zu ersetzen.

F: J.Krishnamurti behauptete, dass es keine Autorität, keinen Lehrer und keinen Weg gäbe. Jeder hat einen Lebensweg der ihn dahin geführt hat wo er sein sollte. Du hast auch einen Lebensweg der dich dahin gebracht hat wo du bist.

A: Aber ich kann doch nicht irgendwas vorschlagen, dass keine Rolle in meinem Leben gespielt hat. Das wäre falsch, es würde mich verfälschen.

F: Warum solltest du denn nicht sagen, dass jeder von uns einen individuellen und einzigartigen Lebensweg hat und aus dem heraus das entsteht was ist.

A: Die Einzigartigkeit jedes Individuums kann sich selbst, wegen des Würgegriffs der Erfahrungen der anderen nicht ausdrücken. Letzten Endes existieren Sie nicht und ich existiere nicht. Sie und ich wurden von der Gesamtheit der Erfahrungen geschaffen und wir müssen diese benutzen, um in dieser Welt vernünftig und intelligent zu funktionieren.

F: Also erschaffst du mich jetzt?

A: Nein, Sie erschaffen mich. Ich kann Sie nicht erschaffen, weil ich hier kein Selbstbild von mir habe. Also ist alles was Sie hier (zeigt auf sich selbst) sehen, Ihre eigene Schöpfung und die Projektion des Wissens, das Sie von mir haben. Ich weiß nicht ob Sie das begreifen, was ich versuche zu sagen. Ich bin nicht daran beteiligt, was da in Ihnen vor sich geht. Was hier daran beteiligt ist, ist nur eine Reflektion von was auch immer da vor mir auf der Retina erscheint. Aber es findet keine Übersetzung statt, weil es ein Teil der Bewegung ist, die dort passiert.

F: Es also eine Lebensweise, in der jeder Moment so genommen wird wie er kommt.

A: Solche Aussagen sind sehr irreführend. Wir setzen uns selbst in eine Situation, in der wir denken, dass es für uns möglich wäre von Moment zu Moment zu leben. Aber es ist der Körper, der von Moment zu Moment lebt.

F: O.K., der Körper funktioniert von Moment zu Moment.

A: Derjenige der daran interessiert ist von Moment zu Moment zu leben, der „Verstand", kann so nicht leben, weil sein Überleben von wiederholten Erfahrungen abhängt. Die Kontinuität des Wissens, dass das „Ich" ist, ist nichts anderes. Sie müssen diesen Mittelpunkt die ganze Zeit über aufrechterhalten und der einzige Weg wie Sie das tun können, ist durch den Wiederholungsprozess, also dieselben alten Erfahrungen immer und immer wieder zu wiederholen und sich dennoch vorzustellen, dass Sie eines Tages von Moment zu Moment leben. Es ist diese Hoffnung, die Ihnen das Gefühl gibt und auch eine Art von Erfahrung, dass Sie von Moment zu Moment leben. Aber die Möglichkeit wirklich von Moment zu Moment zu leben besteht niemals, weil der Verstand nur an seiner Fortsetzung interessiert ist. Deswegen hat er das Ideal eines Lebens von Moment zu Moment erfunden und alle anderen Dinge dieser Art. Durch diese Kunstgriffe, weiß er, dass er seine Kontinuität aufrechterhalten kann.

F: Manchmal sind wir so vertieft in unsere Aktivität, dass wir uns selbst darin verlieren und in diesem Sinne leben wir dann im Moment.

A: Das ist so nicht richtig, weil Ihre Vertiefung in was auch immer Sie tun, eine Art „high" ist. Es ist eine Erfahrung, die Sie auf eine höhere Stufe setzen wollen und dann denken, dass Sie in ihr aufgehen.

F: Aber man denkt nicht darüber nach, da gibt es keinen Abstand.

A: Nein. Das Denken ist trotzdem da. Aber Sie haben es zu einer außergewöhnlichen Erfahrung gemacht und Ihr Wille, immer in diesem Zustand sein zu können, ist etwas was nicht möglich ist. Ein Musiker denkt, er sei versunken in das, was er tut. Es beansprucht eure gesamte Aufmerksamkeit, um das auszudrücken, was immer ihr tut, und es ist viel einfacher, euch effektiv auszudrücken, als darüber nachzudenken.

F: Ich denke wirklich über die Erfahrungen nach, nachdem sie passiert sind. Dann reflektiere ich über sie. Wenn ich nach oben in den Himmel schaue und einen Falken fliegen sehe, dann reflektiere ich anschließend, „Oh, ich habe einen Falken gesehen!" Aber in dem Moment, wenn ich ihn sehe, dann denke ich nicht darüber nach.

A: Sehen Sie, das ist nicht korrekt, weil uns eingeredet wurde - und Sie akzeptieren wahrscheinlich diese Aussage, dass Sie, während Sie etwas erfahren, dessen nicht bewusst sind. Der Fakt, das Sie sich daran erinnern, ob Sie das jetzt Falke nennen oder nicht, impliziert, dass Sie auf jeden Fall anwesend waren. Ich kenne viele Leute die mir erzählen, dass Sie in einem gedankenlosen Zustand waren, dass es Momente gegeben hat, in denen das „Ich" nicht da war. Aber wenn so was wirklich einmal passiert, dann ist es ein für alle Mal vorbei und es gibt dann keine Möglichkeit, wie Sie diese Momente miteinander verknüpfen können, um daraus eine Kontinuität zu erschaffen. Also sind die Aussagen, dass wenn man eine Erfahrung von etwas macht und man sich dieser Erfahrung nicht bewusst ist und dass man sich dessen nur bewusst oder gewahr wird, nachdem die Erfahrung vorbei ist, sehr fragwürdig. Wenn das so wäre, dann würde es die ganze Erfahrungsstruktur ein für alle Mal zerstören. Es würde so etwas wie ein Erdbeben sein, der diese Stelle trifft und was dann passiert, weiß niemand.

Eine Veränderung würde an dieser Stelle stattfinden und danach würde der Organismus wieder in einer normalen und natürlichen Art funktionieren. Es hätte dann eine neue Art von Gleichgewicht gefunden.

F: Warum sind wir Menschen hier?

A: Warum stellen wir die Frage, „Warum sind wir hier?" Was ist es, das Ihnen sagt, dass Sie hier sind? Sind Sie jetzt da? Es ist das Wissen, das Ihnen sagt, dass Sie hier sind, dass ich hier bin.

F: Ich bin dessen gewahr, dass ich hier bin, habe ein Gefühl das ich hier bin.

A: Gefühle sind auch Gedanken. Wir wollen glauben, dass Gefühle wichtiger sind als Gedanken, aber es gibt keine Möglichkeit wie Sie ein Gefühl erfahren können, ohne es innerhalb der Wissensstruktur die Sie haben, zu übersetzen. Nehmen Sie zum Beispiel, dass Sie sich selber sagen, dass Sie glücklich sind. Sie wissen nicht einmal, dass die Empfindung die da ist, Glück ist. Aber Sie erfassen diese Empfindung innerhalb der Struktur des Wissens, das Sie über das haben, was Sie einen Zustand des Glücks nennen und den anderen Zustand, den des Unglücks. Was ich versuche zu sagen ist, dass es das Wissen ist, das Sie über sich selber haben, welches das Selbst geschaffen hat und Ihnen hilft Sie selber als eine Entität zu erfahren.

Ich mag das Wort „Gewahrsein" nicht besonders. Es wird falsch verwendet. Es ist wie eine abgegriffene Münze und jeder benutzt sie um seine Handlungen zu begründen, anstatt zuzugeben, dass er etwas falsch gemacht hat. Manchmal sagen Sie, „Ich war dessen nicht gewahr, was da passiert ist." Aber Gewahrsein ist ein integraler Bestandteil der Aktivität dieses menschlichen Organismus. Diese Aktivität ist nicht nur speziell im menschlichen Organismus, sondern in allen Arten des Lebens – dem Schwein und dem Hund. Die Katze schaut bloß auf Sie und ist in einem Zustand des wahllosen Gewahrseins. Um dieses Gewahrsein in ein Instrument zu verwandeln, welches man dann benutzen kann um eine Veränderung herbeizuführen, würde dieses verfälschen. Da es ein integraler Bestandteil des Organismus ist, ist „Gewahrsein" nicht das richtige Wort dafür.

Es ist unmöglich für uns, uns selber von den anderen Dingen da draußen zu separieren. Sie sind nicht verschieden von dem Stuhl, auf dem Sie sitzen. Aber was Sie von dem Stuhl separiert, ist das Wissen, das Sie darüber haben – „Das ist ein Stuhl", „Sie sitzen auf dem Stuhl." Aber Fakt ist, dass die Empfindung, die in dieser Beziehung zwischen Ihnen und dem Stuhl beteiligt ist, der Tastsinn ist. Der Tastsinn sagt Ihnen allerdings nicht, dass Sie von dem Stuhl getrennt sind, auf dem Sie sitzen. Ich versuche damit nicht zu sagen, dass Sie der Stuhl sind. Das ist zu absurd.

Was sie tatsächlich fühlen lässt, dass der Körper da ist, ist die Erdanziehungskraft, die auf den Körper wirkt, ihn sich schwer anfühlen lässt. Ich habe irgendwann am Anfang gesagt, dass Sie alles was da ist beeinflussen und das alles beeinflusst Sie. Der Fakt dieser Aussage, ist etwas was nicht von Ihnen erfahren werden kann, weil es eine einheitliche Bewegung ist. Der Moment, in dem Sie die zwei separieren und sagen, dass das eine die Reaktion auf das andere ist, haben Sie schon das Wissen, das Sie von den Dingen haben hineingebracht und erzählen sich selber, dass es die Reaktion auf den Stimulus ist.

F: Die Quantenphysiker erklären uns, dass alles miteinander verbunden ist und wir alle Teil dieses Universums sind.

A: Aber sie kamen durch ein Konzept zu diesem Schluss, genauso wie die Metaphysiker in Indien. Sie kamen zu diesem Fakt und sagten, dass es so etwas wie den Raum nicht gibt. Raum ist etwas sehr Essentielles für Sie, um in dieser Welt zu überleben. Aber den Fakt, dass es da so etwas wie den Raum gibt, kann niemals von Ihnen erfahren werden. Ein Wissenschaftler kam, um mich zu sehen und machte die Aussage, dass es keinen Raum, keine Zeit und dass es keine Materie gibt. Ich antwortete: „Sie wiederholen eine auswendig gelernte Aussage. Wahrscheinlich geben Sie mir eine mathematische Gleichung um zu beweisen, dass es da so etwas wie den Raum nicht gibt. Aber mal angenommen, dass es ein Fakt in Ihrem Leben ist, dass es keinen Raum gibt, (ich gebe immer harte Beispiele), was passiert mit der Beziehung zu Ihrer Frau?" Wenn die Menschen mir diese Art von Phrasen entgegen bringen, dass es keinen Beobachter gibt oder dass der Beobachter das Beobachtete ist, dann nerve ich Sie und versuche ihnen die Folgen dessen klarzumachen, was sie da sagen. Es ist sehr interessant für die Theologen, die Metaphysiker und für die Wissenschaftler über solche Themen zu diskutieren. Aber wenn es um unser normales, tagtägliches Leben geht und um unsere Beziehungen mit den Menschen um uns herum, dann ist es was anderes.

Wenn Sie sich selbst sagen, dass der Beobachter das Beobachtete ist und das in der Situation machen, wenn Sie dabei sind mit Ihrer Frau zu schlafen, was wird dann passieren?

F: Gibt es eine Situation in der, der Beobachter wirklich das Beobachtete ist?

A: Das ist das Ende aller Beziehungen. Es ist vorbei. Zu sagen, dass der Beobachter das Beobachtete ist, ist eine bedeutungslose Aussage, wiederholt bis zum Erbrechen. Sie wissen nicht wirklich was passiert, wenn das der Fall ist. Alle Beziehungen sind am Ende.

F: Also sind wir bloß Automaten?

A: Wir wiederholen automatisch Wörter und Phrasen die wir auswendig gelernt haben. Sie haben keine Auswirkung auf die Art wie wir funktionieren.

F: Bist du bloß ein Automat?

A: Oh ja, ich bin ein Automat. Es gibt keinen Gedanken, den ich meinen eigenen nennen kann. Falls dieser Computer (zeigt auf seinen Kopf) keine Informationen zu einem speziellen Thema hat, ist er ruhig. Also bedienen Sie diesen Computer (zeigt auf sich selbst). Sie sind daran interessiert herauszufinden, was in diesem Computer ist und was auch immer da ist, das aus mir herauskommt, gehört Ihnen. Das was Sie den „Output" nennen, gehört Ihnen und Sie lesen etwas darin.

F: Also bin ich der Träumer und du bist der Traum?

A: Sie haben mich erschaffen. Sie haben alle Antworten und Sie stellen die Fragen.

F: Ich denke, dass ich die Antworten schon habe.

A: Wie könnten denn sonst Fragen da sein? Sie sind sich nicht sicher, dass das die Antworten sind.

F: Nun, ich bin wie jeder andere hier, frage etwas, dass jeder andere fragen könnte.

A: ...für die Sie die Antworten bereits haben. Aber Sie sind nicht sicher ob es die Antworten sind und Sie haben nicht den Mut die Personen beiseite zu schieben, die diese Antworten gegeben haben. Da kommen auch noch Gefühle ins Spiel und Sie verlieren den Mut, die Antworten aus dem Fenster zu werfen und diejenigen die sie gegeben haben.

F: Was ich aus all dem schließe ist, dass man ein Individuum sein muss.

A: Um ein Individuum zu sein und Sie selbst zu sein, müssen Sie gar nichts machen. Die Gesellschaft verlangt, dass Sie etwas anderes sein sollten als das was Sie sind. Was für eine gigantische Energiemenge – der Wille, die Anstrengung – die wir verschwenden um das zu werden! Wenn diese Energie freigelassen wird, was gibt es dann, das wir nicht tun können? Wie einfach würde es dann für jeden von uns sein in dieser Welt zu leben! Es ist so einfach.

# Kapitel 4

# Ein Blitzschlag

F: Ich denke es war 1967, genau an deinem 49. Geburtstag, als du J.Krishnamurti bei einem Vortrag zugehört hast, ist etwas mit dir passiert. Würdest du das beschreiben?

A: Ich möchte nicht genauer darauf eingehen. Aber was ich in letzter Zeit immer betone ist, dass was auch immer da passiert ist, trotz allem passiert ist, was ich getan habe. Was auch immer ich getan oder nicht getan habe und welche Ereignisse die Leute glauben, dass sie mich dahin geführt haben (den natürlichen Zustand), sind absolut irrelevant. Es ist jetzt sehr schwierig für mich, einen genauen Punkt festzumachen und mir zu sagen, dass das ich bin und dann zurückzuschauen und zu versuchen den Grund herauszufinden, weil das nicht im Bereich der Ursache - und Wirkungsbeziehung ist. Darum betone und überbetone ich die ganze Zeit, dass es akausal ist. Das ist sehr schwierig zu verstehen.

F: Mit „akausal" meinst du, dass es ohne jede Vorbereitung passiert ist?

A: Das will ich damit sagen. Es ist in etwa so, da bemühe ich meine besten Phrasen, „als wenn Sie der Blitz getroffen hätte", und du weißt nicht was übrigbleibt. Sie selbst haben keine Möglichkeit für sich selber herauszufinden, was da mit Ihnen passiert ist. Ist da überhaupt irgendwas mit mir passiert? Aber eines kann ich mit Sicherheit sagen: dieses Etwas, das ich mein ganzes Leben lang gesucht habe, wurde in Stücke gerissen.

Die Ziele, die ich mir gesetzt habe, Selbstverwirklichung, Gottesrealisation, Transformation, radikal oder sonst wie oder sogar Erleuchtung, waren alle falsch, da es da nichts gibt, was man verwirklichen könnte und nichts was man finden könnte. Eben dieses Verlangen, frei zu sein von allem, sogar von den physischen Bedürfnissen des Körpers, ist verschwunden und ich wurde mit nichts zurückgelassen. Deshalb hängt alles, was jetzt aus mir herauskommt davon ab, was Sie daraus interpretieren.

Ich habe tatsächlich überhaupt nichts mitzuteilen, weil eine Kommunikation, egal auf welcher Ebene, nicht möglich ist. Das einzige Instrument das wir haben, ist der Intellekt. In gewisser Weise wissen wir, dass uns dieses Instrument nicht geholfen hat, irgendwas zu verstehen. Wenn Ihnen also einmal dämmert, dass das nicht das Instrument ist und es kein anderes Instrument gibt, mit dem man irgendwas verstehen kann, dann werden Sie mit dieser verwirrenden Situation zurückgelassen, dass es da nichts zu verstehen gibt. In gewisser Hinsicht, wäre es höchst anmaßend meinerseits, hier auf einem Podium zu sitzen oder Einladungen wie diese zu akzeptieren und zu versuchen, den Leuten zu erzählen, dass ich etwas zu sagen hätte, dass ich in etwas Außergewöhnliches geraten bin, das niemand kennt.

Aber das, mit was ich zurückgelassen wurde, ist etwas Außergewöhnliches – außergewöhnlich nicht in dem Sinne, dass es mir möglich war es durch eine Anstrengung oder durch Willenskraft zu erreichen, sondern in dem Sinne, dass alles, was jeder Mensch gedacht, gefühlt und vor mir erfahren hat, aus meinem System geworfen wurde. Man kann also in der Tat sagen, dass man Mut für die Sache braucht, die mit mir passiert ist. Aber ich kann den Leuten nicht erzählen, dass man sich selber durch Mut, in solch eine Situation bringen kann.

F: Ich denke es ist manchmal nützlich, wenn man über die Realisation von jemandem spricht, in Begriffen von wann und was passiert ist, zu reden. In diesem Kontext, im Rückblick auf 1967, was passierte da mit dir, als du J.Krishnamurti zugehört hast?

A: Sehen Sie, als ich ihm zugehört habe, dämmerte es mir plötzlich, „Warum zum Teufel, habe ich diesem Mann zugehört? Von seiner Beschreibung her, habe ich gespürt, dass ich in demselben Zustand wie er bin." Ich nahm für den Moment an, dass er in dem Zustand ist, den er beschreibt und demselben, in dem die großen spirituellen Lehrer waren. „Was zum Teufel habe ich mein ganzes Leben lang gemacht? Warum zum Teufel sitze ich hier und höre ihm zu?" Ich bin dann hinausgelaufen und hatte nur einen einzigen Gedanken in meinem Kopf herumwirbeln, wie in einem Whirlpool. „Wie kann man wissen, dass man in demselben Zustand ist?" Ich verstand, dass die Frage implizierte, dass mir die Beschreibungen der verschiedenen Zustände geläufig waren. Ich hatte versucht sie in mir zu simulieren und zu erfahren und das ist alles. Dennoch blieb die Frage trotzdem bestehen. Aber plötzlich, verschwand auch die Frage. Ich sagte mir, dass es keinen Grund gibt, dafür irgendjemandem dankbar zu sein. Was auch immer da passierte, hatte nichts mit den Lehrern zu tun, denen ich zugehört habe. Aber wenn ich das so ausdrücke, dann ist es nicht besonders interessant für die Menschen. Sie möchten wissen, ich aber erzähle ihnen, dass ich es selber nicht weiß. Ich kann mich nicht selbst betrachten und sagen, dass ich ein erleuchteter Mann bin, dass ich ein freier Mann bin, dass gewaltige Veränderungen in mir stattgefunden haben. Deswegen benutze ich eine Phrase, die wir sehr oft in der Werbung hören. Es ist nicht vergleichbar mit „vor und nach dem waschen"; kein waschen hat mir geholfen irgendwohin zu gelangen. Es ist einfach nur passiert. Ich muss immer noch ein Wort wie „passiert" verwenden, weil es sonst keine Möglichkeit gäbe, irgendjemandem eine Ahnung davon zu übermitteln.

F: Es ist wie bei einem Kind, das gerade auf die Welt kommt, ohne ein Gedächtnis oder Gedanken, der versucht die Welt zum allerersten Mal zu sehen und herauszufinden wie alles funktioniert, alles einfach nur erfährt. Wäre das so ähnlich wie das über was du sprichst?

A: Nein. Es wäre nicht richtig zu sagen, dass es da eine Art von Erfahrung in neugeborenen Kindern gäbe, weil wir keine Möglichkeit haben das alles nochmal durchzumachen. Alles was wir simulieren und versuchen zu erfahren, ist nur von da aus möglich, wo wir uns heute befinden und wo wir uns heute befinden, ist das Resultat von verschiedensten Erfahrungen. Also ist alles was wir erfahren, obwohl wir es Wiedergeburt nennen oder den Versuch zu erfahren, wie es war als wir ein neugeborenes Baby oder ein Kind waren, natürlich von dem beeinflusst, wo wir heute stehen. Alles was wir erfahren hat keine Relevanz und keine Bedeutung im Bezug zu dem, was ich versuche zu erklären.

Es gibt viele Leute, die von Wiedergeburt sprechen. Es wurde zu einer neuen Mode für die Leute, sich mit dieser Art von Fantasie zu beschäftigen. Wissen Sie, dass es in Japan einige Techniken gibt, bei denen man durch die Manipulation bestimmter Nerven in Ihrem Stammhirn, es Ihnen möglich macht, durch die Erfahrung Ihrer eigenen Geburt zu gehen. Ich habe immer behauptet, dass die Erfahrungsstruktur zum Zeitpunkt Ihrer Geburt komplett abwesend ist. Ich habe auch immer die Psychologen in Frage gestellt, besonders Freud, als er die Aussage machte, dass die Geburt ein traumatisches Erlebnis wäre. Ich denke überhaupt nicht, dass es ein traumatisches Erlebnis ist, weil es zu dem Zeitpunkt überhaupt keine Erfahrungsstruktur gibt. Es ist wirklich schwierig zu sagen, ab wann sich in Babys eine Erfahrungsstruktur bildet. Ich bin einer von denen, die glauben, dass der Einfluss des Umfelds auf uns sehr beschränkt ist. (Ich bin aber keine Autorität auf diesem Gebiet). Die Erfahrungsstruktur ist in seinem Ursprung und Ausdruck genetisch bedingt. Alles wird von den Genen kontrolliert. Falls wir die Individuen wirklich verändern wollen, haben wir nur die eine Möglichkeit das zu bewerkstelligen, nicht durch Veränderung des Umfeldes und nicht durch Änderung des kulturellen Wissens, sondern durch den Versuch zu verstehen was die Gene wirklich für eine Rolle in uns spielen. Vielleicht können wir durch eine Art genetische Manipulation, perfekte Menschen schaffen.

F: Also würdest du die genetische Forschung unterstützen?

A: Nein, würde ich nicht. Ich bin mir zur selben Zeit dem Fakt bewusst, dass es eine sehr gefährliche Sache ist, in die wir uns da hineinwagen. Wenn wir einmal die Gentechnik perfektioniert haben, dann werden wir sie dem Staat übergeben müssen. Danach wird es für den Staat viel einfacher sein, die Individuen zu manipulieren und sie zu bloßen Robotern umzufunktionieren. (Ich habe nichts gegen Roboter, da wir ja selbst eine Art Roboter sind, ob wir es mögen oder nicht.) Der Staat wird die Menschen Dinge tun lassen, die sie normalerweise nicht bereit wären zu tun. Es braucht für gewöhnlich sehr viel Zeit und Gehirnwäsche, um den Menschen etwas beizubringen, um Menschen an Gott glauben zu lassen oder sie an eine spezielle politische Ideologie glauben zu lassen. Umgekehrt braucht man wieder Gehirnwäsche, um sie von einer Art Glauben zu befreien. Es ist ein sehr aufwendiger und langer Prozess. Darum ist es viel einfacher und schneller, diese Techniken der genetischen Manipulation zu benutzen, um die Individuen zu verändern.

F: Wir haben über J.Krishnamurti gesprochen. Er behauptet keine Erinnerung an diesen Prozess zu haben. Ist es dasselbe was dir passiert ist? Kannst du dich daran erinnern?

A: Ich möchte nichts über J.Krishnamurti sagen. Ich habe keine Ahnung was mit ihm passiert ist. Ich weiß nicht was er damit meinte, als er das gesagt hat. Ihr Gedächtnis wird wirklich sehr gut nach diesem Ereignis. Aber das Problem, dem wir heute gegenüberstehen, ist ein anderes. Wir haben unser Gedächtnis sehr oft benutzt. Ich habe immer behauptet (Sie mögen dies hinterfragen und auch die Experten im Bereich der Neurologie, aber eines Tages, werden sie das was ich sage akzeptieren müssen), dass das Gehirn eine sehr geringe Rolle in den Funktionen dieses Körpers spielt. Es ist nicht kreativ. Es reagiert bloß. Was das Gedächtnis ist, das wissen wir noch nicht wirklich. Eines Tages werden die Experten, die mit den Problemen des Gedächtnisses zu tun haben, Antworten darüber liefern, was die Neuronen tatsächlich sind.

Ich behaupte, dass das Gedächtnis nicht in einem speziellen Bereich im Körper lokalisiert werden kann. Jede Zelle in unserem Körper ist daran beteiligt. Ich glaube, dass wir an einen Punkt in der Menschheitsgeschichte angekommen sind, an dem wir uns mit dem Problem, der Menschen die ihr Gedächtnis verloren haben, auseinandersetzen müssen. Wir verwenden das Gedächtnis und unser Gehirn zu Zwecken, zu denen es nicht vorgesehen ist. Das ist einer der Gründe, warum die Alzheimer Krankheit so auf dem Vormarsch ist. Ich habe gehört, dass inzwischen einer von zwei, der über achtzigjährigen, davon betroffen sind. Es gab auch einen Bericht über die Situation in England. 600.000 Menschen sind dort davon betroffen.

F: Du hast die falsche Benutzung des Gehirns erwähnt.

A: Die falsche Benutzung des Gedächtnisses. Die Benutzung des Gedächtnisses für Zwecke, für die es nicht geschaffen wurde. Was sind Sie im Grunde? Sie sind ein Speicher. Wir müssen das Gedächtnis benutzen, um in dieser Welt, die von der Gesellschaft und der Kultur geschaffen wurde, zu überleben. Es gibt keinen anderen Weg. Ich weiß, dass es ohne Zweifel eine Erweiterung derselben Überlebensmechanismen ist.

F: Wenn man seinen Finger verbrannt hat, dann zieht man ihn sofort zurück.

A: Automatisch. Da braucht man das Gedächtnis nicht zu benutzen. Auf diese Weise funktioniert der menschliche Körper. Aber um in dieser Welt, die durch die Kultur und die Gesellschaft geschaffen wurde, zu überleben, ist es essentiell, das Gedächtnis konstant zu benutzen. Die ganze Erziehung und Ausbildung ist darauf gegründet, wie man sein Gedächtnis entwickelt. Verzeihung, falls ich vom Thema abgekommen bin.

F: Ja.

A: Ich springe normalerweise von Thema zu Thema. Ich versuche jetzt bei dem letzten Punkt zu bleiben. Unglücklicherweise hat die Menschheit vor sich ein Modell, eines perfekten Menschen gesetzt. Diese Idee des perfekten Menschen stammt aus dem Wertesystem, das wir erschaffen haben. Dieses Wertesystem stammt aus den Verhaltensweisen der großen Lehrer der Menschheit.

F: Jesus ist ein Beispiel dafür.

A: Jesus, Buddha und all die anderen großen Lehrer. Jeder menschliche Körper ist allerdings einzigartig. Die Natur ist nicht daran interessiert, ein perfektes Wesen zu erschaffen, sondern eine perfekte Spezies.

F: Falls jeder von uns einzigartig ist, dann impliziert das, das unser Weg zur Erleuchtung, falls es so was gibt, ebenfalls einzigartig ist, so dass jeder von uns diesen Zustand individuell und einzigartig erreicht.

A: Exakt. Das ist, was ich versuche zu betonen. Es ist für uns einfach nicht möglich, erleuchtete Menschen am Fließband zu produzieren. Sie wissen, wenn Sie in die Geschichtsbücher schauen, dass sogar ein Land wie Indien, das sehr stolz auf seine Spiritualität ist, nur sehr wenige erleuchtete Menschen hervorgebracht hat. Man kann sie an den Fingern abzählen. Aber letztlich ist ein Erleuchteter Mann oder ein freier Mann, falls es einen gibt, nicht daran interessiert, irgendjemanden zu befreien und zwar aus dem Grund, weil es für ihn keine Möglichkeit gibt es von sich selbst zu wissen. Es ist nicht etwas, was man mit jemandem teilen könnte, da es überhaupt nicht im Bereich der Erfahrungen liegt.

Es gibt keine neue Erfahrung. Wir nehmen an, Sie gehen zu einem neuen Ort. Was da in Ihrem Verstand vorgehen wird, falls ich dieses Wort verwenden darf, ist dass Sie immer versuchen werden, alles was Sie sehen, in die Struktur der Vergangenheit einzupassen. Der Moment in dem Sie sagen, dass etwas neu ist, ist es das alte, das Ihnen sagt, dass es neu ist. Darum ist es sehr schwierig für uns, irgendwas Neues zu erfahren, weil falls es wirklich etwas Neues ist, dann erscheint es nicht in bestimmten Vorstellungen, die das alte zerstören, sondern die Gesamtheit der Vergangenheit wird mit einem großen Knall zerstört.

F: Letztendlich heißt das, dass wir nichts Neues erfahren können.

A: Ja. Sie mögen nicht mit mir übereinstimmen und es als absurden Unsinn beiseiteschieben. Aber so etwas wie eine neue Erfahrung gibt es nicht. Es gibt überhaupt nichts Neues. Es ist das alte, das uns erzählt, dass es neu ist. Durch diesen Kunstgriff macht das Denken, was es neu nennt, zum Teil des Alten und auf diese Weise erhält es seine Kontinuität aufrecht. Also existiert das, was Sie nicht erfahren können, nicht. Es mag wie eine sehr dogmatische Behauptung meinerseits klingen, aber wenn Sie versuchen etwas zu erfahren, das Sie noch nie zuvor erfahren haben, dann könnte die ganze Bewegung der Erfahrungsstruktur an ihr Ende kommen.

F: Ich habe einiges über dein früheres Leben gelesen, ich will auf deine Erfahrung zurückgehen, die du hattest, als du bei Ramana Maharshi warst. Du hast ihn gefragt, „Was auch immer du hast, kannst du es mir geben?", und er antwortete, „Ich kann es dir geben, aber kannst du es nehmen?"

A: Leider ist das die traditionelle Antwort, die von allen spirituellen Lehrern gegeben wird. Was da in der sogenannten Biographie von mir berichtet wird, ist eine entstellte Version dessen, was ich damals wirklich gefühlt habe. Wie auch immer, alles was ich heute darüber sage, ist irrelevant, weil ich nicht mehr weiß, was ich in dem bestimmten Moment gefühlt habe und es gibt auch keine Möglichkeit wie ich diese Erfahrung von hier aus nochmal erleben könnte. Ich sagte zu mir, „Was ist das, das er hat? Falls es irgendjemanden auf dieser Welt gibt, der es erhalten kann, dann bin ich das." Das hat in gewisser Hinsicht die nächste Phase in meinem Leben eingeleitet.

Die alte traditionelle Herangehensweise an die ganze Frage über die Erleuchtung, wurde aus meinem System gespült, obwohl ich weiterhin Bücher über Religion gelesen, Philosophie, Psychologie und Naturwissenschaften studiert habe. Ich versuchte von den Leuten Antworten zu bekommen, die nicht von den traditionellen Lehren kontaminiert wurden. Ich bekam Interesse an den westlichen Philosophien und Naturwissenschaften und versuchte die Antwort auf meine grundlegende Frage zu finden. Meine grundlegende Frage, war eine einzige Frage: „Wo ist dieser Verstand über den wir so besorgt sind, den wir versuchen zu verstehen, zu studieren und zu verändern? Warum sprechen wir über eine gesamte Veränderung im Aufbau des Verstandes? So etwas wie einen Verstand sehe ich da überhaupt nicht, ganz zu schweigen von einer Transformation oder Mutation des Verstandes." Diese Frage hat mich immer fasziniert und ich fragte jeden über den Verstand aus. Ich versuchte aus allen Bereichen des menschlichen Denkens, Antworten zu finden, aber nichts half mir, die Antworten auf diese Fragen zu bekommen. Damals hatte ich diese Gewissheit, die ich heute habe, nicht. Die Gewissheit darüber, dass es keinen Verstand gibt, ist etwas, was ich an keinen weitergeben kann, wie sehr ich es auch versuchen würde, weil eben jenes Ding, das wir zur Kommunikation gebrauchen, in Gefahr ist und Sie nicht bereit sind diese Möglichkeit zu akzeptieren.

F: Die Buddhisten sprechen auch über „Nicht-Verstand"(engl.: no mind).

A: Sie erschufen eine gewaltige Struktur aus diesem philosophischen Gedanken. Sie sprachen über das Nichts. Sie redeten über die Leere. Wissen Sie, die ganze buddhistische Philosophie gründet auf dem Fundament des „Nicht-Verstandes". Sie haben gewaltige Techniken entwickelt, um sich selbst vom Verstand zu befreien. All die Zen Techniken der Meditation, versuchen Sie vom Verstand zu befreien. Eben jenes Instrument, das wir benutzen um uns selber von dem Ding, das wir Verstand nennen zu befreien, ist der Verstand. Der Verstand ist nichts anderes als das was Sie tun, um sich vom Verstand zu befreien. Aber wenn es Ihnen einmal per Zufall oder durch ein Wunder dämmert, dass das Instrument, das Sie benutzen, um alles zu verstehen, nicht das Instrument ist und dass es kein anderes Instrument gibt, dann trifft es Sie wie ein Blitzschlag.

# Kapitel 5

## Liebe ist nur eine Trumpfkarte

F: Wenn der Mensch überall derselbe ist, warum gibt es dann so viele Differenzen unter den Menschen? Ich sehe da eine Unvereinbarkeit zwischen den Problemen die in Amerika und Europa und denen in den unterentwickelten Ländern bestehen. Zum Beispiel sind Drogen, Sex, Kriminalität und Genusssucht die Sachverhalte in Amerika und Europa, aber Armut, fehlende Bildung und Tod durch Mangelernährung die Themen in den unterentwickelten Ländern.

A: Diese Differenzen werden von den westlichen Nationen künstlich erschaffen. Sie haben den Vorteil des technischen Know-Hows, das aus der industriellen Revolution stammt. Als die Revolution nach Amerika kam, beuteten sie mit der Hilfe des technischen Know-Hows die Ressourcen „Gottes Überflusses" aus. Sie wissen, es gab eine Zeit in der jeder ohne Ausweis in die Vereinigten Staaten einreisen konnte. Aber ab 1911 führten sie die Notwendigkeit ein, einen Ausweis zu haben um in die Vereinigten Staaten einreisen zu dürfen. Ab 1923 führten sie die Immigrationsgesetze ein. Wenn Sie einmal an einem bestimmten Ort sind und sich selber und Ihre Gesetze dort etablieren, dann ist es vorbei. (Ich gebe das als Beispiel, aber man kann es bei jedem Land anwenden). Falls jemand an irgendeinem Ort auf irgendeinem Planeten anlegt und es kolonisiert, dann werden sie dort ihre Gesetze etablieren und es verhindern, dass andere Nationen dort auch anlegen. Die Amerikaner haben genau dieselben Gesetze eingeführt. Es war „Gottes Überfluss", der den Nationen geholfen hat sich zu entwickeln und daran festzuhalten was sie haben. Aber sie haben die Ausbeutung der Ressourcen der restlichen Welt, genauso wie ihre eigenen Ressourcen, fortgesetzt. Sogar heute tun sie das. Sie wollen nicht aufgeben.

Grundsätzlich ist die menschliche Natur exakt dieselbe, ob nun in Indien, in Russland, in Amerika oder in Afrika. Die menschlichen Probleme sind exakt dieselben. All die Probleme sind künstlich erschaffen, von den verschiedenen Strukturen des menschlichen Denkens. Wie ich bereits sagte, gibt es da eine Art von neurologischem Problem (ich kann keine definitive Aussage machen) im menschlichen Körper. Das menschliche Denken stammt aus diesem neurologischen Defekt in der menschlichen Spezies. Alles was aus dem menschlichen Denken entsteht, ist zerstörerisch, da es ein Schutzmechanismus ist. Es zieht Grenzen um sich herum und will diese beschützen. Aus demselben Grund ziehen wir Grenzen auf diesem Planeten und versuchen sie so weit wie möglich zu erweitern. Meinen Sie diese Grenzen werden verschwinden? Werden sie nicht. Die, die sich selbst etabliert haben, also diejenigen die bis jetzt und für so lange schon das Monopol auf all die Ressourcen auf der Welt haben, falls diese gefährdet sind vertrieben zu werden, was dann geschehen wird kann sich jeder selbst ausmalen. All die Massenvernichtungswaffen, die wir heute haben, sind nur dazu da dieses Monopol zu verteidigen.

Aber ich bin mir sicher, dass der Tag für die Menschen gekommen ist, an dem sie realisieren sollten, dass all die Waffen, die wir bislang gebaut haben unnötig sind und dass sie nicht mehr benutzt werden können. Wir sind an einem Punkt angekommen, an dem man seinen Gegner nicht mehr zerstören kann, ohne sich selber zu zerstören. Also wird es diese Art von Terror sein und nicht Liebe und Bruderschaft, die uns gepredigt wurde, die uns helfen wird zusammenzuleben. Aber das muss bis auf die Stufe des menschlichen Bewusstseins durchsickern. (Ich will eigentlich die Worte „Bewusstsein", oder „menschliches Bewusstsein" nicht verwenden, weil es überhaupt kein Bewusstsein gibt. Ich benutze dieses Wort nur für die Zwecke der Kommunikation.) Bis das auf die Stufe des menschlichen Bewusstseins durchgesickert ist, im Sinne von, dass die Menschen einsehen, dass sie nicht ihren Nachbarn zerstören können, ohne sich selbst zu zerstören, denke ich nicht das irgendwas helfen wird. Ich bin sicher, dass wir da angelangt sind. Wann immer oder wo auch immer man eine Grenze zu einem Gegner oder einem Nachbarn setzt, wird man weitermachen mit dem, an was Jahrhunderte lang festgehalten wurde. Also wie wird man dieses Problem lösen? Alle Utopien sind gescheitert.

Das ganze Unheil entstand aus dem religiösen Denken der Menschheit. Es hat jetzt keinen Sinn das religiöse Denken der Menschheit zu beschuldigen, weil all die politischen Ideologien, sogar Ihr Rechtssystem, die warzigen Auswüchse dieses Denkens sind. Es ist nicht so einfach die ganze Serie der Erfahrungen, die über die Jahrhunderte angesammelt wurden, wegzuspülen. Es gibt eine Tendenz, den einen Glauben mit einem anderen zu ersetzen, die eine Illusion mit der anderen. Das ist alles was wir tun können.

F: Die entwickelten Länder wissen heute ganz genau, dass falls es heute wieder zu einem Krieg kommt, sie dann vor der totalen Auslöschung stehen. Es wird nirgendwo ein Sieger mehr übrigbleiben. Aber trotzdem gibt es hier und da Gefechte und so viel Gewalt überall. Warum ist das so? Ist es weil die menschliche Natur, wie einige Leute sagen, von Grund auf gewalttätig ist?

A: Ja so ist es, weil das Denken gewalttätig ist. Alles was dem Denken entstammt, ist zerstörerisch. Sie mögen es mit all den wundervollen und romantischen Phrasen überspielen wie: „Liebe deinen nächsten wie dich selbst." Vergessen Sie aber nicht, dass im Namen von „Liebe deinen Nächsten wie dich selbst" Millionen und Abermillionen von Menschen gestorben sind, mehr als in den letzten Kriegen zusammengenommen. Aber wir stehen jetzt an einem Punkt, an dem wir realisieren können, dass Gewalt keine Antwort ist, dass es nicht der Weg ist, um menschliche Probleme zu lösen. Also scheint der Terror die einzige Möglichkeit zu sein. Ich spreche nicht davon, dass Terroristen Kirchen, Tempel und ähnliches in die Luft jagen, sondern über den Terror, dass falls man versucht seinen Nachbarn zu zerstören, man sich dann möglicherweise selbst zerstören würde. Diese Erkenntnis muss bis auf die Stufe des gewöhnlichen Menschen gelangen.

Auf diese Weise funktioniert auch der menschliche Organismus. Jede Zelle ist an ihrem eigenen Überleben interessiert. In gewisser Weise weiß sie, dass ihr Überleben vom Überleben der Zelle neben ihr abhängig ist. Aus diesem Grund gibt es eine Art Kooperation zwischen den Zellen. So kann der gesamte Organismus Überleben. Es ist an Utopien nicht interessiert. Es ist auch an Ihren wundervollen religiösen Ideen nicht interessiert und genauso wenig an Frieden, Glückseligkeit, Seligkeit oder irgendwas in der Art. Das einzige Interesse ist Überleben, das ist alles.

F: Was auch immer du sagst, ich fühle, dass der einzige Weg für die Menschheit darin besteht eine Veränderung im Herzen zu vollbringen und das ist Liebe.

A: Nein, überhaupt nicht, weil Liebe Teilung impliziert, Separation. So lange es da eine Teilung und eine Trennung innerhalb von Ihnen gibt, so lange erhalten Sie die Separation um Sie herum aufrecht. Wenn alles fehlschlägt, benutzen Sie die letzte Karte, die Trumpfkarte im Stapel und nennen sie Liebe. Aber das wird uns nicht helfen und es hat uns auch bisher überhaupt nicht geholfen. Sogar Religion hat versagt uns dabei zu helfen uns von der Gewalt und von vielen anderen Dingen zu befreien. Sie sehen, es ist keine Frage von neuen Konzepten, Ideen, Gedanken oder eines Glaubens, die man finden müsste.

Wie ich schon einmal sagte, was für eine Art Mensch, wollen Sie auf diesem Planeten? Der Mensch, geformt nach dem perfekten Modell, hat total versagt. Das Modell hat nichts in uns berührt. Ihr Wertesystem ist für das ganze menschliche Leiden und die Tragik verantwortlich, die alle dazu zwingt sich in dieses Modell einzupassen. Also was tun wir? Sie können nichts damit erreichen indem Sie das Wertesystem zerstören, weil Sie dann das eine System mit einem anderen ersetzen würden. Sogar diejenigen, die gegen die Religion rebelliert haben, wie die in den kommunistischen Ländern, haben selber wieder eine andere Art von Wertesystem erschaffen. Also bedeutet eine Revolution nicht das Ende von irgendwas. Es ist bloß eine Neubewertung unseres Wertesystems, das dann wieder eine Revolution braucht usw. Es gibt keine Lösung.

Der einzige Weg diese Probleme zu lösen, wäre eine Veränderung in der Chemie des menschlichen Körpers. Aber die Gefahr besteht, dass nach der Perfektionierung der Gentechnik, alles dem Staat zufällt. Es wäre dann viel einfacher, die Menschen in den Krieg schicken zu können und sie dann töten zu lassen, ohne einen Gedanken zu verschwenden. Man braucht keine Gehirnwäsche mehr. Man muss ihnen dann keine Liebe und keinen Patriotismus mehr beibringen. Gehirnwäsche braucht Jahrhunderte, die Gehirnwäsche an Gott zu Glauben, hat zum Beispiel Jahrhunderte gedauert. Aber mit einer genetischen Manipulation geht das dann mit einer einzigen Injektion.

F: Über die westliche Welt wird ja häufig behauptet, dass die Leute da sehr glücklich sind und zufrieden mit den Veränderungen die stattfinden, es gibt die

Herrschaft des Rechts, die Anerkennung der Menschenrechte, freie Marktwirtschaft und die Redefreiheit.

A: Meinen Sie wirklich, dass es Freiheit gibt in den Vereinigten Staaten? Was bedeutet das für einen hungernden Menschen – Redefreiheit, Religionsfreiheit und Pressefreiheit? Er weiß nicht wie man eine Zeitung liest und ist auch nicht daran interessiert. Zumindest hat man den Menschen in den kommunistischen Systemen Essen, Kleidung und ein Dach über dem Kopf gegeben, jedoch wird es ihnen heute wieder verwehrt in diesen Staaten. Es gibt heute mehr Arbeitslosigkeit in den westlichen Ländern als jemals zuvor. Ich denke nicht, dass das ein Modell für die ganze Menschheit ist.

Das ganze System hängt von der Ausbeutung der Ressourcen der Welt, zum Nutzen der westlichen Nationen ab. Diese Gesetze, über die Sie da reden, werden immer durch Gewalt gesichert. Sie wissen als Anwalt, dass die Urteile die von Richtern gefällt werden, immer durch Gewalt gesichert werden. Letztendlich ist es die Gewalt, die zählt. Wir alle sind damit einverstanden, uns der Entscheidung des Richters zu unterwerfen. Falls Sie sich dem widersetzen wollen, können Sie das nur, indem Sie auf Gewalt zurückgreifen. Also vereinigen sich all die Gangster und schaffen eine legale Struktur, die vorteilhaft für sie ist. Das setzen sie dann mit der Hilfe von Gewalt durch, mit der Hilfe von Zwang.

Wer hat ihnen das Recht gegeben, zum Beispiel, diese Blockade um den Irak zu errichten? Was ist dieses internationale Recht von dem diese Leute reden? Ich will das wissen. Sie als Anwalt wissen das. Was ist passiert, als Amerika die kleine Nation Granada attackiert und okkupiert hat? Niemand hat irgendwas dagegen gesagt, niemand hat dort eine Blockade errichtet. Ich bin nicht gerade begeistert vom internationalen Recht und seiner rechtlichen Struktur. So lange es vorteilhaft für sie ist, nutzen sie Gesetze. Wenn die Gesetze versagen, dann benutzen sie Gewalt, nicht wahr?

F: Ich möchte auf einige andere Institutionen der Menschen eingehen.

A: Als ein Anwalt wissen Sie, dass das Gesetz da ist, um den Status Quo aufrecht zu erhalten. Ist es etwa nicht so? Also können Sie nichts gegen den Status Quo sagen.

F: Da muss ich dir aber sagen, dass es da verschiedene Schulen des Denkens im Bereich des Rechtswesens gibt.

A: Das ist bloß eine theologische Diskussion. Sie wissen was all die Theologen sagen – Gott ist dies, Gott ist das, die ontologischen, theologischen und die kosmologischen Argumente für die Existenz von Gott. All diese verschiedenen Schulen des Rechtswesens über die Sie da erzählen, sind nicht verschieden von den Diskussionen der Theologen.

F: Was denkst du über die Institution der Ehe und der Familie?

A: Die Institution der Ehe wird nicht verschwinden. So lange wir Beziehungen nachfragen, wird es auf die eine oder andere Art weiterbestehen. Grundsätzlich ist es eine Frage der Habgier. Es gab eine Zeit, als ich glaubte, dass ökonomische Freiheit viele Probleme für die Frauen in Indien lösen würde. Aber als ich Amerika besucht habe, war ich absolut schockiert, dass sogar die Frauen, die ökonomisch frei waren, ihren saufenden Ehemann noch haben wollten. Der Ehemann hat sie jeden Tag geschlagen und am Sonntag zweimal. Ich kenne viele Fälle. Ich will nicht generalisieren, aber Habgier ist das wichtigste Element. Die Grundlage einer Beziehung ist: „Was kann ich aus dieser Beziehung herausholen?" Das ist die Grundlage von jeder menschlichen Beziehung. So lange ich das bekomme was ich will, wird die Beziehung halten.

Die Institution der Ehe wird irgendwie weiterbestehen, weil es nicht nur um die Beziehung zwischen zwei Menschen geht, sondern Kinder und Eigentum darin involviert sind. Deswegen wird es nicht einfach über Nacht verschwinden. Wir benutzen auch das Eigentum und die Kinder als Vorwand, um der Institution der Ehe Kontinuität zu verleihen. Das Problem ist sehr komplex und sehr kompliziert. Es ist nicht so einfach für irgendjemanden, Antworten zu dieser uralten Institution zu geben.

Ich kann Ihnen eines sagen. Sehr viele Paare kommen mit ihren Problemen um mich zu sehen. Wenn Sie die Geschichten der unverheirateten Paare mal hören würden, Sie können sich deren Elend kaum vorstellen. Trotzdem können sie sich nicht trennen.

Unverheiratete Paare sind weit unglücklicher als verheiratete. Die Antwort ist nicht so einfach. So lange wir eine Beziehung aufbauen wollen, so lange wird diese Institution erhalten bleiben. Vielleicht wird sie modifiziert oder verändert, um sie an die wechselnden Konditionen anzupassen.

Eine Führerin der feministischen Bewegung kam um mich zu sehen. Sie fragte mich, „Was denken Sie über die feministische Bewegung?" Ich antwortete, „Ich bin auf Ihrer Seite, kämpfen Sie auf alle Fälle für Ihre Rechte. Aber vergessen Sie nicht, dass Sie nicht frei sind, so lange Sie vom Mann in Bezug auf Ihre sexuellen Bedürfnisse abhängig sind. Andersherum ist es auch wahr: falls Sie Ihre sexuellen Bedürfnisse mit der Hilfe eines Vibrators befriedigen können – dann ist das eine andere Sache."

F: Du sagst, dass die Familie keine Lösung ist und unverheiratete Beziehungen auch nicht. Welche anderen Vorschläge hast du?

A: Es sind diese Institutionen, die verantwortlich für das menschliche Elend sind. Es gibt keine Möglichkeit, wie Sie diese Institutionen modifizieren oder ändern können. In Indien ist es jetzt viel einfacher geworden sich scheiden zu lassen, als früher. Bei mir gab es damals keine Diskussion darüber, ob eine Scheidung in Frage kommt. Die sich verändernden Konditionen sind für die Veränderung in unseren Ideen verantwortlich. Aber das heißt nicht, dass das Problem jetzt eine einfache Lösung hätte.

F: Gibt es denn dann nicht Anarchie, wenn sie die männliche und weibliche Beziehung und die Familie nicht unterstützen?

A: Wenn Sie bereit sind das Elend zu akzeptieren, ist das schön und gut. Aber es ist eine miserable Situation. Sie sind damit nicht glücklich. Die totale Anarchie ist ein Zustand des Seins, als einer des Handelns. Es gibt keine Handlung in der totalen Anarchie, es ist ein Zustand des Seins. Warum haben Sie also Angst vor der Anarchie? Die Anarchie von der Sie reden, ist die Zerstörung der Institutionen die wir mit großer Sorgfalt aufgebaut haben und von unserem Glauben, dass diese Institutionen für immer bestehen sollten. Also ist es das, wofür wir kämpfen – sie in ihrem ursprünglichen Zustand zu erhalten.

A: Bist du nicht besorgt über die Aussichten im hohen Alter und über die Zukunft der Kinder, wenn es dann keine Familie mehr gibt?

A: Es ist die Gesellschaft die sich um das Problem kümmern muss. Warum bezahlt Ihr alle Steuern, wenn die Regierung nicht das macht, was sie eigentlich tun sollte? Jedes Individuum trägt die Verantwortung für das, was es versprochen hat zu tun. Das Problem daran ist, dass wenn man einmal diese Individuen an die Macht gelassen hat, dann die Chance geringer ist, dass sie ihre Macht mit anderen teilen wollen. Sie statten sie auch noch mit diesen gewaltigen Massenvernichtungswaffen aus. Ein Mann wie ich, der diese Sichtweise öffentlich vertritt, wird zum Staatsfeind. Sie werden nicht zögern mich auszulöschen. Es ist mir egal, ob man mich auslöscht. Falls sie sagen, „Hör auf zu reden", dann hör ich auf damit. Ich glaube sowieso überhaupt nicht an die Redefreiheit. Falls sie sagen, „Hör auf zu reden, das was du sagst ist eine Bedrohung für die Menschheit und seine Institutionen", wiedersehen, ich will nicht mehr reden. Ich bin nicht daran interessiert die Welt zu verändern. Aber sie haben versprochen bestimmte Dinge zu tun. Sie haben sie gewählt und sie werden nicht zögern ihre Massenvernichtungswaffen gegen mich und gegen Sie anzuwenden.

Aber in diesen Tagen gibt es keine Möglichkeit mehr, dass man nukleare Waffen verwenden kann. Ich sage öfters, dass wenn Bhutan in Indien einmarschieren würde, Indien dann keine Möglichkeit hätte sich zu verteidigen. Bhutan würde nicht in Indien einmarschieren, außer wenn es die Unterstützung von einigen mächtigen Nationen hätte. Also sind wir wie Puppen für diese Leute. Wir geben so viel Geld für die Verteidigung aus. Verteidigung gegen was? Wir sprechen über die Redefreiheit. Falls sie aber sagen, „Hör auf zu reden", dann bin ich nicht mehr daran interessiert zu reden. Ich bin nicht daran interessiert Individuen oder die Menschheit zu retten.

F: Du hast darüber gesprochen, dass der Staat Steuern eintreibt, dass er dann aber alles dafür tun sollte, um den Leuten und deren Kindern Sicherheit zu geben.

A: Ich sehe keinen Grund, warum irgendjemand auf diesem Planeten verhungern sollte. Was tun Sie, um diese Probleme zu lösen? Sie können diese Frage natürlich auch mir stellen. Aber ich bin nicht im Geschäft der Leute, die diesen Planeten am Laufen halten. Die haben sich auf das Geschäft eingelassen dieses oder jenes Land zu regieren. Welche Rechtfertigung haben sie, dass vierzig Prozent der Leute in Indien heute am Verhungern sind. Es ist nicht spirituell und auch nicht menschlich. Es ist unmenschlich seine Mitmenschen verhungern zu lassen. Religion hat diese wundervolle Sache hervorgebracht, die man Wohltätigkeit nennt. Nicht nur das, Sie machen da nicht Halt, sondern geben jemandem auch noch einen Nobelpreis für seine gemeinnützige Arbeit. Das ist die bösartigste und vulgärste Sache, die die religiösen Männer heutzutage erfunden haben.

Jeder hat das Recht ernährt zu werden. Die Natur hat uns großzügig ausgestattet. Aber wir sind individuell für die Ungerechtigkeiten auf dieser Welt verantwortlich. Fragt mich nicht was ich dagegen tue. Ich bin nicht hier um eine Kampagne gegen diese Leute zu starten. Sie wollen diese Probleme lösen. Falls sie, sie nicht lösen, ist nicht etwas mit den Regierenden verkehrt, sondern mit den Leuten die denen die Macht erteilt haben. Falls sie nicht das tun was sie tun sollten, dann tauscht diese Verbrecher aus. Ich bin nicht in diesem Geschäft, irgendjemandem Ratschläge zu erteilen, wie man eine Regierung aufstellt. Ich habe damit überhaupt nichts zu tun. Es ist jeder dafür verantwortlich seine Macht und seinen Anteil beizutragen. Aber die Welt bleibt exakt dieselbe, die sie schon immer gewesen ist. Niemand will irgendeine Veränderung.

F: Aber hast du nicht gesagt, dass der Staat einige Dinge für die Menschen tun sollte?

A: Zunächst einmal sollte der Staat jedem Nahrung, Kleidung und ein Dach über dem Kopf geben.

F: Wie kann es sein, dass es eine so große Anzahl an Selbstmorden und AIDS Fällen gibt, sogar in Ländern wie der Schweiz, in denen es so viel Prosperität und hohe Einkommen gibt?

A: Das ist ein anderes Problem. Was meinen Sie mit „AIDS"? Die Krankheit AIDS?

F: Ja, die Krankheit AIDS.

A: Da ist uns ein Fehler unterlaufen. Ein Experiment ist schiefgelaufen. Es ist einfach für uns, die Homosexuellen zu verurteilen, aber die Quelle dieser Krankheit, ist eine andere.

# Kapitel 6

## Wir nähern uns einer Katastrophe

F: Was hältst du von den Leuten, die verstehen wollen, was es mit dem Leben auf sich hat?

A: Das Verlangen danach zu Verstehen und eine Veränderung in Ihnen herbeizuführen, ist das was für das Verlangen verantwortlich ist, die Welt zu verstehen und dann eine Veränderung in der Welt herbeizuführen. Diese sind ein und dasselbe. Deswegen sind Sie daran interessiert anderen zuzuhören. Durch das Zuhören denken Sie, dass Sie sich ändern könnten und dann genauso die Welt um Sie herum. Es gibt grundsätzlich keinen Unterschied, zwischen dem was hier ist (zeigt auf sich selbst) und was da draußen in der Welt ist. Es gibt keine Möglichkeit einer Abgrenzung.

Eine Sache, die ich immer betone ist, dass die Gesellschaft uns alle nur für den einzigen Zweck der Aufrechterhaltung des Status Quo und seiner Kontinuität erschaffen hat. Also, in diesem Sinne sehe ich, dass es da überhaupt keine Individuen gibt.  Zur selben Zeit gibt uns diese Gesellschaft die Hoffnung, dass es da etwas gäbe was man tun könnte, um ein Individuum zu werden und dass es da so etwas wie einen freien Willen gäbe. Tatsächlich gibt es da überhaupt keinen freien Willen.

Das aller wichtigste, was wir begreifen müssen ist, dass das Denken eine sehr zerstörerische Waffe ist und dass es unser Feind ist. Nichtsdestotrotz sind wir nicht bereit den Fakt zu akzeptieren, dass das Denken nur Probleme verursachen kann, aber uns nicht helfen kann sie zu lösen.

F: Die Menschen gehen zu Gurus und lesen religiöse Texte, um eine Veränderung in ihren Leben herbeizuführen. Aber du schiebst das alles komplett beiseite. Warum?

A: Mein Standpunkt ist, dass es da nichts gibt was verändert werden kann. Was diese Gurus auf dem Marktplatz machen, ist es Ihnen einen Eisbeutel zu verkaufen und Sie mit einem Trostmittel zu versorgen. Aber wenn Sie zu mir kommen, dann finden Sie es sehr schwierig, aus dem einfachen Grund, weil ich keine Lösungen für Ihre Probleme anbiete. Mein Interesse besteht darin aufzuzeigen, dass es in Wirklichkeit keine Probleme gibt und dass wir bloß mit Lösungen belastet sind. Zudem kommt noch, dass wir nicht bereit sind zu akzeptieren, dass die Lösungen, die diese Leute uns über die Jahrhunderte angeboten haben, nicht wirklich die Lösungen sind. Falls sie wirklich die Lösungen wären, dann wären die Probleme schon seit langem gelöst worden. Falls sie nicht die Lösungen sind und es da keine anderen Lösungen gibt, dann gibt es keine Probleme, die man lösen müsste.

F: Dramatische Veränderungen finden in ganz Europa und in Russland statt. Welche Rolle kann Indien in dem neuen Szenario, dass in der ganzen Welt aufkommt, spielen? Die Gurus, die in den Westen gegangen sind, um Yoga und viele andere attraktive Konzepte zu lehren, können vielleicht einen Nutzen in dieser Situation bringen.

A: Die Veränderungen die in Russland stattfinden, sind weder wirklich gut für Russland, noch für die Welt. In Russland haben sie plötzlich herausgefunden (oder zumindest Ihre Führer), dass ihr kommunistisches System fehlgeschlagen ist. Aber anstatt Lösungen innerhalb ihrer Struktur zu finden, suchen sie woanders danach.

Ich denke, dass weder Indien irgendwelche Antworten für diese Probleme hat, noch die westlichen Nationen. Der totale Fehlschlag der kommunistischen Philosophie, Ideologie und des Regierungssystems in der Sowjetunion, haben unglücklicherweise eine Leere hinterlassen. Ich fürchte, dass die russisch orthodoxe Kirche die Situation ausnutzt und die Leere füllen wird. Wenn es da stoppt, dann ist die Gefahr nicht so groß. Aber all die Sekten, die aufgrund der Leicht – und Gutgläubigkeit der Leute, in den westlichen Nationen gediehen sind, werden auf direktem Wege nach Russland gehen und die Menschen dort ausbeuten. Das sollten die Russen auf jeden Fall versuchen zu verhindern. Aber es scheint keine Möglichkeit zu geben, wie man diese Ausbeutung und die durch die neuen importierten Produkte aus dem Ausland, vermieden werden können. Ich sehe keinen angemessenen Grund, warum Amerika biologisch angebaute Kartoffel Chips nach Russland exportieren sollte. Lasst mich eine Sache klarstellen: es ist nicht ihre Demokratie, Redefreiheit oder hunderte anderer Sachen die diese Nationen verkünden, die Russland auf ihre Seite gewonnen haben. Es ist Coca-Cola in China und Pepsi Cola und McDonald`s Hamburger in Russland. Das ist alles was die westlichen Nationen da tun können: sie haben für die Leute einen Markt geschaffen, um sie auszubeuten.

Das ist, was ich sogar den Wissenschaftlern und Psychologen erzähle, die zu mir kommen. Fakt ist, dass sie auch am Rande der Verzweiflung sind. Sie sind nicht in der Lage die Probleme mit denen sie heute konfrontiert werden zu bewältigen, sowohl im Bereich der Psychologie, als auch in der modernen Wissenschaft. Sie müssen Lösungen nur innerhalb dieser Struktur finden. Unglücklicherweise schauen sie in die Richtung des Vedanta aus Indien und auf die religiösen Antworten die aus Japan oder China kommen. Aber eigentlich haben die gar keine Antworten. Wenn die großartigsten Überlieferungen Indiens, Indien selbst nicht helfen können, wie in Gottes Namen denken Sie denn, dass es anderen Nationen helfen könnte? Ich denke nicht, dass Indien irgendeinen Beitrag an die Welt leisten kann. Dessen bin ich mir sehr sicher.

Zumindest hat der Westen High-Tech anzubieten. Mit der Hilfe dieser Technologien, kann der Westen wahrscheinlich etwas tun, um diese Länder zu bereichern. Russland hat gigantische, noch unerschlossene Ressourcen – Öl, Gold, Diamanten und anderes. Die Technologien können da helfen. Was kann Indien diesen Nationen anbieten? Ich sehe nicht, dass Indien irgendwas anbieten kann. Es ist ein totales Durcheinander dort. Wir können uns auf die Schulter klopfen und uns toll fühlen darüber, dass das große Erbe Indiens, uns durch die Jahrhunderte gebracht hat. Aber wir sind in einem bedauernswerten Durcheinander in Indien. Ich denke nicht, dass Indien dem Westen irgendwas anbieten kann. Falls Sie meinen, dass das bloß meine Meinung ist, macht das nichts. Ich versuche nicht irgendjemanden zu meiner Sicht der Dinge hinüber zu gewinnen.

F: Trotz der radikalen Veränderungen, die in der Welt stattfinden, besonders in Europa und in Russland, sieht man, dass es ein Wiederaufleben der alten Religionen gibt.

A: Das religiöse Wiederaufleben, über das Sie sprechen, gibt es auch in den westlichen Ländern. Da gibt es diese ganzen Gespräche über „Zurück zu Jesus", „Zurück zum Erbe Indiens", „Zurück zum Islam", zurück zu diesem und jenem. Ich fürchte, dass der Aufstieg des Islam, nicht nur in der moslemischen Welt, sondern auch in Russland und China eine erhebliche Macht darstellen wird. Wenn einmal der Ruf nach dem „Jihad" ertönt und sich ausbreitet, wissen wir nicht wie wir dieses Problem bewältigen sollen. Ich singe hier kein Weltuntergangslied, aber dessen werden Sie sich bald stellen müssen. Der Islam wird eine erhebliche Macht in der Welt sein.

F: Ich war in den Vereinigten Staaten und in Europa. Es kam mir so vor, als ob es viel Jubel und eine Erwartung in den Köpfen der Politiker gibt, dass sich die Welt zum besseren hin verändert. Aber da gibt es noch die Krise im mittleren Osten. Was denkst du über die Zukunft der Welt in diesem Kontext?

A: Ich weiß es nicht, ich bin kein Prophet. Ich kann nicht mehr sagen als irgendjemand anderes, kann aber versuchen eine Einschätzung zu geben. Ich weiß es nicht sicher, niemand weiß was passieren wird.

Da gibt es eine Sache die ich sagen will und die betone und überbetone ich, und zwar dass es da keine Möglichkeit gibt, wie man diese Entwicklung wieder rückgängig machen kann. Wir steuern auf eine Katastrophe zu. Die Menschen müssen realisieren (und da scheint es keine Hoffnung zu geben, dass sie die Realität aufarbeiten und die Situation erkennen), dass das Denken und alles was daraus entstammt, der Feind der Menschheit ist und es bleibt nichts als Ersatz. Das Wiederaufleben der Religionen ist keine wirkliche Antwort.

Ich persönlich denke, dass die grundsätzliche Frage, die wir uns stellen müssen, die ist: „Was für eine Art von Mensch wollen wir auf diesem Planeten?" Unglücklicherweise hat die Kultur, ob die orientalische oder die okzidentale, das Modell eines perfekten Menschen vor uns gestellt. Das Modell hat das Muster des Verhaltens der religiösen Denker der Menschheit, die mehr Schaden als Gutes angerichtet haben. Alles, mit dem wir uns heute konfrontiert sehen, ist das Ergebnis des religiösen Denkens der Menschen. Aber dieses Denken hat keine Antworten für die Zukunft der Menschheit. Wenn Sie also wollen, dann müssen Sie die Antworten innerhalb der Struktur dieses Systems finden, das gescheitert ist.

Was wir berücksichtigen müssen sind die Technologien. Sie werden uns helfen die Probleme dieses Planeten zu lösen. Durch die Gentechnik und das Verstehen der Mikrobiologie, können wir entscheiden was für Menschen wir wollen. Sie sagen jetzt, dass wir genetisch fehlerhaft sind und dass das Gehirn neurologisch mangelhaft in vielen Bereichen ist. Deshalb ist alles, was aus dem menschlichen Denken stammt, sehr zerstörerisch. Das Denken ist ein Schutzmechanismus. Sein einziges Interesse ist es sich zu verteidigen, den Status Quo aufrecht zu erhalten und die Kontinuität des Wissens, das von Generation zu Generation weitergegeben wird, zu bewahren.

F: Was ist mit den Problemen der unterentwickelten Länder, wie Armut und der Mangel an Bildung?

A: Meinen Sie, dass Bildung die Lösung oder die Antwort für die Probleme von Indien sind? Wir wollen die Menschen unterrichten, damit sie unsere Zeitungen lesen können und durch die Medien Gehirngewaschen werden können. In Indien gibt es immer noch Bauern, die keine modernen Menschen kennen. Sie sind etwas Einzigartiges. Ich weiß nicht. Ich habe in der letzten Zeit kein Dorf mehr besucht. Aber ich denke wirklich nicht, dass das Unterrichten der Menschen in dem Sinne wie Sie gemeint haben, der richtige Weg ist, um die Menschen zu bilden. Ich gebe Ihnen das Beispiel meiner Großmutter. Meine Großmutter war keine gebildete Frau, obwohl sie wusste wie man Papiere liest und unterschreibt. Ich habe von ihr mehr über Advaita gelernt, als von den Professoren in Madras. Sie war weder in der Schule noch war sie eine erleuchtete Person, aber sie war eine sehr praktische Frau. Sie wusste alles über die große indische Kultur. Die Massen daher in die Schule zu schicken und sie dort zu bilden, ist keine wirkliche Lösung. Wir haben die gewaltige Macht der Medien zur Verfügung. Wenn diese Macht in den Händen der Regierung ist, dann gibt es nichts was man tun kann um ihren Einfluss zu vermeiden. Genauso ist es, wenn man als Beispiel die Vereinigten Staaten nimmt, ihre sogenannten freien Medien sind auf keinen Fall besser als die Medien die unter dem Einfluss der Regierung stehen. Beide sind gleich. Ich weiß es nicht, ich äußere sehr viele Ansichten.

F: Du meinst also, dass die heutigen technologischen und wissenschaftlichen Veränderungen die einzigen Antworten für diese Welt sind.

A: Ja, aber eines muss ich dazu noch sagen. Was für Errungenschaften auch immer wir bis jetzt mit der Hilfe der Technologien hatten, davon haben nur eine begrenzte Anzahl von Menschen auf diesem Planeten profitiert. Wenn das was behauptet wird wahr ist, dann ist es möglich zwölf Milliarden Menschen mit den heutigen Ressourcen zu ernähren, die Ressourcen mit denen uns die Natur ausgestattet hat, ohne die Hilfe von High-Tech. Aber warum gibt es dann inmitten von fünf Milliarden Menschen so viel Armut und Elend? Die Antwort ist sehr simpel. Wir sind individuell verantwortlich dafür und die Armut ist kein Fluch von irgendwelchen Göttern.

Die reichen Nationen werden ihre Reichtümer nicht aufgeben, bis sie dazu gezwungen werden. Sie sehen, die neun reichen Nationen, die neun Industrienationen, sitzen da und diktieren ihre Bedingungen. Werden sie ihre ganzen Ressourcen einfach so aufgeben? Ich denke nicht, außer sie werden dazu gezwungen.Es kann sich jeder selber ausmalen was sie tun würden, falls man sie zwingen würde sie aufzugeben. Sogar wenn sie dabei sind alles zu verlieren, denke ich nicht, dass sie irgendetwas davon aufgeben werden.

Sogar dieser Mann (zeigt auf jemanden), der ein Pazifist ist, wird bis zum Ende kämpfen um seine Art zu leben und zu denken zu verteidigen. Ich glaube ihm überhaupt nicht. Er wird kämpfen. Er mag zwar heute ein Pazifist sein, aber morgen, wenn alles was er besitzt in Gefahr ist, weggenommen zu werden, dann wäre ich nicht überrascht wenn er mich auch umbringen wollen würde, seinen besten Freund.

F: Du klingst nicht gerade wie ein Optimist.

A: Was bedeutet das überhaupt – der Unterschied zwischen einem Optimisten und einem Pessimisten? Es ist bloß eine sehr clevere Art mit den Dingen umzugehen – ein Optimist gibt nicht auf und glaubt immer noch irgendwie daran, dass er seine Art zu leben und zu denken aufrechterhalten kann. Das ist alles. Er würde zu jeder Art von Gewalt zurückgreifen, um das zu erhalten.

F: Ich glaube, dass viele Dinge über die du die letzten Jahre gesprochen hast, wahr werden.

A: Ich sitze hier nicht und klopfe mir selber auf die Schulter und sage mir, dass ich es Ihnen so erzählt habe. Überhaupt nicht. Jedenfalls, vielen Dank Sir.

# Kapitel 7

## Das Ende der Illusion ist der Tod

F: Es gibt kein Selbst, keine Seele und nichts in dieser Art. Was du also sagst ist, dass das ganze Leben in der physischen Form stattfindet, so wie sie von den Sinnen erfahren wird.

A: Nicht separat oder unabhängig vom Leben um uns herum. Es ist eine einzige Einheit. Ich kann keine definitive Aussage machen, aber irgendwann im Laufe der Zeit, tauchte das Selbstbewusstsein im Menschen auf und separierte uns von der Gesamtheit des Lebens um uns herum. (Wir wissen nicht sicher ob es da so etwas wie eine Evolution gibt, es ist eine Annahme unsererseits. Wir akzeptieren was diejenigen sagen, die meinen darüber etwas zu wissen. Diese Leute haben einige Dinge beobachtet und die Theorie einer Evolution etabliert.)

F: Meinst du damit, dass das ganze Leben nur durch den Körper, durch die Sinne erfahren wird und dass der Körper das ganze menschliche Wesen enthält?

A: Was genau meinen Sie mit „Leben"? Niemand weiß irgendwas über das Leben und es macht keinen Sinn es zu definieren. Alles was wir über das Leben sagen ist eine Spekulation unsererseits. Was wir versuchen zu verstehen oder zu erfahren, das Leben oder was auch immer, geschieht mit der Hilfe des Wissens das wir darüber haben. Aber das Denken ist etwas Totes. Es ist etwas, das niemals irgendwas Lebendiges erfassen kann. In dem Moment, in dem es versucht das Leben zu berühren, es einzufangen, es zu kontrollieren und es auszudrücken, wird es von der lebendigen Qualität des Lebens zerstört. Was wir mit Leben meinen, ist nicht wirklich Leben, sondern die Lebensweise. Die Lebensweise ist unsere Beziehung mit den Menschen, dem Leben und der ganzen Welt um uns herum.

Das ist alles was wir wissen. Diese Beziehung ist eigentlich keine einfache Beziehung, sondern eine Beziehung, die aus unserem Verlangen entstammt, eins mit dem Leben zu werden. Also ist alles was wir tun, jeder Versuch den wir machen, um eins mit dem Leben zu werden vergeblich, weil es keine Möglichkeit gibt, wie wir irgendeine Beziehung mit dem Leben um uns herum aufbauen können.

F: Warum sagst du, dass wir kein Teil des Lebens sind?

A: Ich nehme zu keiner Zeit an oder betone, dass wir kein Teil davon sind. Wir sind ein Teil davon. Aber die wichtigste Frage, die wir uns stellen sollten ist: „Was ist es, das uns von dem Leben um uns herum separiert und was hält diese Separation oder Teilung, die ganze Zeit aufrecht?" In Wirklichkeit ist es das Denken, das uns teilt. Das Denken ist Materie. Aber die Materie kann dort nicht für längere Zeit bleiben. In dem Moment, in dem die Materie entsteht, muss sie wieder ein Teil der Energie werden. Aber dieses Verlangen unsererseits, oder des Denkens, diese Kontinuität aufrecht zu erhalten, ist das Verlangen, das uns dazu treibt, dasselbe immer und immer wieder zu erfahren. Dadurch erhalten wir diese oberflächliche, künstliche und nicht existente Dualität, diese Teilung zwischen unserem Leben und dem Leben um uns herum aufrecht.

F: Es wird angenommen, dass das Denken ein Teil des Gehirns ist. Was könnte der Zweck des Gehirns sein? Es scheint da einen Konflikt zwischen dem Körper und dem Verstand zu geben.

A: Es ist bloß eine Annahme unsererseits und ich würde sagen, dass es eine falsche Annahme ist, dass Gedanken spontan und selbst-generiert sind. Das sind sie nicht. Das Denken ist nur eine Reaktion auf Stimuli. Das Gehirn ist kein wirklicher Schöpfer, sondern nur ein Behälter. Die Funktion des Gehirns in diesem Körper beschränkt sich auf die Sicherstellung der Bedürfnisse des physischen Organismus und die Aufrechterhaltung seiner Sensibilität, wohingegen das Denken, durch seine permanente Einmischung in die Sinnesaktivitäten, die Sensibilität des Körpers zerstört. Da ist der Konflikt. Der Konflikt besteht zwischen dem Bedürfnis des Körpers, seine Sensibilität aufrecht zu erhalten und dem Verlangen des Denkens, jede Empfindung innerhalb der Struktur der sinnlichen Aktivitäten zu übersetzen. Ich verurteile die Sinnesfreuden nicht. Der Verstand oder wie auch immer Sie es nennen wollen, entstand aus der Sensualität. Also sind alle Aktivitäten des Verstandes sinnlich in ihrer Natur, wohingegen die Aktivität des Körpers darin besteht auf die Stimuli der Umgebung zu reagieren.

F: Also sagst du, dass der Verstand, das Gehirn keine nicht physischen Stränge hat?

A: Ich denke nicht, dass es so etwas wie einen Verstand, separat von den Aktivitäten des Gehirns gibt.

F: Würdest du sagen, dass das Gehirn keine nichtphysische Funktion erfüllt?

A: Es ist nicht an sinnlichen Aktivitäten interessiert. Es ist an keinen Erfahrungen interessiert, in die der Verstand interessiert ist und die er verlangt. Es ist sogar an den sogenannten spirituellen Erfahrungen nicht interessiert oder den religiösen Erfahrungen wie Glückseligkeit, Seligkeit, Grenzenlosigkeit oder Zufriedenheit. Glück ist etwas an dem der Körper kein Interesse hat. Er kann Glück nicht für längere Zeit aushalten. Genuss ist eines der Dinge, die er immer abweist. Der Körper weiß nichts und will auch nichts über Glück wissen.

F: Glück ist nur eine Qualität des Denkens, eine sinnliche Erfahrung.

A: Glück ist etwas, was die Kultur uns beigebracht hat. Gibt es so etwas wie Glück? Ich würde nein sagen. Also ist die Suche nach Glück etwas was uns die Kultur eingegeben hat und das ist die weit verbreitetste Sehnsucht, die wie wir wissen, überall auf der Welt existiert. Das ist, was wir alle wollen und dieses Bedürfnis, ist das aller wichtigste Bedürfnis in allen Menschen überall auf der Welt. Glück, wenn Sie dieses Wort benutzen möchten, ist wie jede andere Empfindung. In dem Moment, in dem sich das Denken von dem, was die Empfindung des Glücks genannt wird separiert, taucht mit ihr das Verlangen auf, die Empfindung länger andauern zu lassen, als sie natürlicherweise dauern würde. Also wird jede Empfindung, egal wie außergewöhnlich, egal wie genussvoll sie sein mag, vom Körper zurückgewiesen. Die Empfindung länger andauern zu lassen, als sie normalerweise andauert, zerstört die Sensibilität der Sinneswahrnehmungen und die Sensibilität des lebenden Organismus. Das ist der Kampf der da vor sich geht. Wenn Sie nicht wissen was Glück ist, dann werden Sie niemals unglücklich sein.

F: Wenn man alle psychologischen Einflüsse und Eigenschaften vom Körper entfernen würde, würdest du dann sagen, dass es keinen Unterschied zwischen einem Menschen und einem Tier gibt?

A: Nein, überhaupt keinen. Wir sind alle wie die Tiere. Wir sind weder von ihnen verschieden, noch sind wir zu einem größeren Zweck erschaffen worden als der Moskito der ihr Blut saugt.

F: Gibt es keinen sichtbaren Unterschied zwischen einem Menschen und einem normalen Tier?

A: Es ist das Denken, das uns von den anderen Spezies auf diesem Planeten separiert hat und es ist das Denken das wir aufrechterhalten wollen. Also ist es auch das, was für die ganzen Probleme, die der menschliche Verstand erschaffen hat, verantwortlich ist.

F: Natürlich gibt es so etwas wie das reine biologische Überleben. Aber hat das Denken dem Menschen nicht dabei geholfen, auf eine bessere Art und Weise zu überleben?

A: Es ist das Denken, das uns von den anderen Spezies separiert hat. Mit der Hilfe des Denkens wurde es für uns möglich bessere Verhältnisse zu schaffen und länger zu überleben als die anderen Spezies.

F: Warum denkst du, dass wir in dieser Illusion leben und warum besteht sie fort?

A: Die Illusion besteht fort, weil falls sie zu einem Ende kommen würde, dann das, was man den klinischen Tod nennt, eintreten würde. Also wenn wir eine Illusion aufgeben, dann ersetzen wir sie immer mit einer anderen.

F: Warum?

A: Das ist es was uns das Gefühl gibt, das unvermeidliche, den Tod, zu besiegen. Das ist der einzige Tod den es gibt. Ansonsten gibt es so etwas wie den Tod nicht. Der Tod ist das Ende der Illusion, das Ende der Angst und das Ende des Wissens, dass wir über uns selbst und die Welt um uns herum haben.

F: Das lässt die Frage darüber aufkommen, was Intelligenz ist. Da gibt es die natürliche Intelligenz des Körpers über die wir geredet haben, mit deren Hilfe die harmonischen und zusammenhängenden Funktionen des Körpers ausgeführt werden. Aber gibt es da einen Bereich, in dem die Intelligenz eine andere Funktion hat als die physische?

A: Nein. Sehen Sie, der Körper will gar nichts wissen. Der Körper will nichts lernen. Die Intelligenz, die notwendig zum Überleben ist, ist bereits vorhanden. Wir haben glücklicherweise oder unglücklicherweise, je nachdem, das was man den Intellekt nennt, erworben. Mit der Hilfe des Intellekts wurde es für uns möglich, länger zu leben als die anderen Spezies. Das ist, auf seine eigene Weise, der Grund der Zerstörung der ganzen Struktur die wir für unser Überleben geschaffen haben. Es gibt da keinen Zweifel an dem Fakt, dass der erworbene Intellekt, der das Ergebnis des Denkens ist, uns dabei geholfen hat länger zu überleben als die anderen Spezies.

F: Du meinst also, dass die Intelligenz die wir haben, auf keinen Fall von der Intelligenz der Tiere unterscheidbar ist?

A: Wahrscheinlich sind die Funktionen in unseren Körpern und Gehirnen höher entwickelt als bei den Tieren. Das bedeutet nicht, dass wir irgendwie besser sind als die anderen Spezies. Wenn das was sie sagen wahr ist, dann ist der menschliche Körper, wenn man ihn in seine einzelnen Bestandteile zerlegt, nicht verschieden von dem Baum da draußen oder dem Moskito der Ihr Blut saugt. Grundsätzlich sind sie exakt gleich. Die Proportionen der Bestandteile mögen in einigen Fällen höher oder niedriger sein. Sie haben achtzig Prozent Wasser in Ihrem Körper und die Bäume und der Planet bestehen auch aus achtzig Prozent Wasser. Deswegen behaupte ich, dass wir nichts anderes sind, als eine zufällige Ansammlung von Atomen. Falls und wenn der Tod eintritt, dann wird der Körper umstrukturiert und diese Atome werden dazu benutzt die Energieebenen des Universums zu erhalten. Ansonsten gibt es da so etwas wie den Tod für den Körper nicht.

F: Ist das menschliche Gehirn sensibler als, sagen wir, der Baum?

A: Wenn das was sie sagen wahr ist, dann ist der Hund sehr viel intelligenter als viele der Menschen die heute unter uns leben, mich eingeschlossen.

F: Vielleicht.

A: Die Tiere versuchen nicht irgendetwas zu verändern. Das ist das aller wichtigste, das wir verstehen müssen. Das Verlangen danach, etwas in uns zu verändern, wurde uns von der Kultur beigebracht. Was gibt es da, was man verändern könnte? Das ist meine grundsätzliche Frage. Gibt es da irgendwas, das man verändern könnte, radikal oder sonst wie? Ich weiß es nicht. Also müssen wir es selber, für uns selber herausfinden. „Was ist da? Gibt es da eine Entität? Gibt es da ein Selbst? Gibt es da ein „Ich"?" Meine Antwort ist „Nein". Was da gesehen oder gefühlt wird, wird von dem Wissen das wir davon haben erschaffen, das Wissen vom Selbst, vom Ich und das Wissen von der Entität, das uns von Generation zu Generation übermittelt wird. Das alles sind kulturelle Vorgaben.

F: Gibt es denn da keine Kommunikation zwischen uns – diesen zwei Individuen?

A: Denken Sie, dass es da irgendeine Kommunikation zwischen uns gibt? Versuchen wir hier eine Kommunikation aufzubauen?

F: Nein, eigentlich nicht. Es ist mehr eine Beziehung.

A: Nein. Solange Sie und ich das Instrument benutzen, welches wir für die Kommunikation miteinander benutzen, ist kein Verstehen möglich. Sie übersetzen immer jede meiner Aussagen innerhalb der Wissensstruktur die Sie haben – das ist, was ich den Referenzpunkt nenne.

F: Es ist ein Fakt, dass wir miteinander reden, denken Sie nicht, dass das eine physikalische oder physiologische Beziehung aufzeigt?

A: Diese Beziehung ist bereits vorhanden. Also ist das, was Sie von mir und mich von Ihnen unterscheidet, das Wissen das wir haben. Aber jetzt versuchen wir eine Art Beziehung auf einer anderen Ebene aufzubauen. Aber Wissen ist nicht das Instrument, um das tun zu können und es gibt kein anderes Instrument. Falls das nicht das Instrument ist und es da kein anderes Instrument gibt, dann ist kein Verstehen notwendig. Das ist die Einsicht, die mir irgendwie klar wurde – dass es da nichts zu verstehen gibt. Wie das eingetreten ist, weiß ich nicht und ich habe keine Möglichkeit es wissen zu können. Es gibt auch keine Möglichkeit, wie ich anderen helfen könnte, dass sie verstehen, dass das nicht das Instrument ist und dass es da kein anderes Instrument gibt. Kein Instrument ist für uns notwendig, um zu realisieren, dass es da nichts zu verstehen gibt.

F: Es gibt viele Gurus die sagen, dass es da eine Seele oder ein Selbst gibt...

A: Das weiß ich. Darum antwortet sogar ein Heiliger wie Ramana Maharshi, wenn Menschen zu ihm mit allen möglichen Fragen wie, „Was würdest du vorschlagen was wir jetzt tun sollen?", mit „Wer bin ich?" Sogar diese Frage, ist keine besonders intelligente Frage, weil wir beide annehmen, dass es da ein „Ich" gibt, dessen Natur wir nicht kennen und dessen Natur wir erforschen müssten. Für mich persönlich ist das einzige „Ich", das ich kenne, das erste Person Singular Pronomen. Ich war nicht erfolgreich und ich denke nicht, dass ich jemals erfolgreich sein werde, für mich selber herauszufinden, ob es da irgendein anderes „Ich" gibt, als das, welches für den simplen Zweck der Kommunikation benutzt wird, um Sie von mir zu separieren. Ich sage „Ich" und „Sie".

F: Das Bewusstsein des Körpers...

A: Das Bewusstsein des Körpers existiert nicht. Es gibt so etwas wie ein Bewusstsein überhaupt nicht. Das einzige was uns hilft, uns dem nicht-existenten Körper bewusst zu werden, für alle praktischen Zwecke, ist das Wissen das uns gegeben wurde. Ohne dieses Wissen haben Sie keine Möglichkeit Ihren eigenen Körper zu erschaffen und ihn zu erfahren. Ich bezweifle die grundlegende Idee eines Bewusstseins, vergessen Sie das Unterbewusstsein, das Unbewusste, die verschiedenen Stufen des Bewusstseins und höhere Zustände des Bewusstseins. Ich sehe da überhaupt kein Bewusstsein. Ich werde diesem hier (berührt die Lehne des Stuhls an) nur durch das Wissen das ich habe bewusst. Die Berührung sagt mir gar nichts, außer wenn ich es innerhalb der Wissensstruktur übersetze. Anderenfalls habe ich überhaupt keine Möglichkeit diese Berührung zu erfahren. Die Art wie diese Sinne hier funktionieren, ist gänzlich verschieden von der Art, die uns glaubend gemacht wurde. Das Auge schaut auf die Bewegung der Hand und sagt nichts über diese Aktivität, außer der Beobachtung des Geschehens.

F: Aber du kannst es fühlen…

A: Nein. Das Gefühl ist ebenfalls eine Übersetzung. Die Berührung sagt gar nichts über die Berührung an sich aus, außer durch die Hilfe des Wissens, das wir darüber haben. Sie haben keine Möglichkeit den Fakt dessen zu erfahren, dass dies „weich" oder „hart" ist, außer durch die Hilfe des Wissens, das Sie haben. Ich weiß nicht ob das für Sie Sinn macht.

F: Es macht Sinn für mich. Aber es scheint für mich so, dass wenn man das berührt, auch eine Empfindung im Körper da ist.

A: Nein. Die Empfindung geschieht durch den Tastsinn. Es wird durch die Aktivität des Gedächtnisses übersetzt, den Neuronen oder wie auch immer Sie es nennen möchten und nur dann sagen Sie, dass es weich und nicht hart ist. Also können Sie sich selbst auf den Arm nehmen indem Sie sich sagen, dass diese Berührung eins mit dem Gefühl ist und keine bloße Berührung. Aber das alles ist nur aufgesetzt.

F: Kannst du mir etwas mehr über den Tastsinn erzählen?

A: Wenn es rein auf der physiologischen Ebene belassen wird, dann gibt es da keine Reaktion Ihrerseits.

F: Welche ist das?

A: Das ist die physische Reaktion. Sie wird nicht übersetzt. Wahrscheinlich ist das eine Art Vergnügen für den Körper. Ich weiß es nicht. Ich habe keine Möglichkeit herauszufinden ob das die Reaktion des Vergnügens oder eine reine physische Reaktion auf die Berührung ist. Wenn mich die Leute fragen warum ich lache, dann sage ich, dass das bloß eine Reaktion, wie jede andere Reaktion auf einen Stimulus ist. „Warum bewegst du deine Hand?" oder „Warum machst du so viele Gesten?" Sie mögen das alles bloße Gesten nennen, aber sie sind da, weil man fühlt, dass man sich nicht adäquat ausdrücken kann. Man unterstreicht seine Aussagen mit diesen Gesten. Das ist bloß eine Form der Kommunikation. Wir haben alle so angefangen und dann langsam die Sprache entwickelt. Aber man hat immer noch das Gefühl, dass man nicht in der Lage ist etwas zu kommunizieren, seinen Mitmenschen das zu übermitteln, was auch immer man gerade versucht zu sagen. Deswegen hat man diese verschiedenen Gesten, um das was man anderen versucht zu kommunizieren, zu bestätigen und zu bekräftigen. Wahrscheinlich werden sogar diese Gesten und Bewegungen der Hände, durch die Gene übertragen.

Ich traf eine Frau in Italien. Sie wurde kurz nach der Geburt ihres Sohnes von ihrem Ehemann geschieden. Sie haben sich zwanzig Jahre lang niemals getroffen. Sie erzählte uns, dass sie immer beobachtet hat, dass die Gesten ihres Sohnes dieselben waren, wie die ihres Ehemannes. Natürlich muss das noch gar nichts beweisen, aber es zeigt auf, dass sogar diese Gesten durch die Gene übertragen werden könnten. Wir wissen immer noch nicht genau, was für eine Rolle die Gene spielen und wie sie von Generation zu Generation übertragen werden.

F: Das alles läuft darauf hinaus, dass alles in uns bloß physisch ist.

A: Ich habe keine Möglichkeit das zu wissen. Sogar die Idee, den Körper zu separieren und darüber, bezogen auf schlichte und einfache physische Reaktionen zu sprechen, kann irreführend sein. Ich weiß es wirklich nicht.

F: Bist du ein Materialist?

A: Ich weiß es nicht. Die Menschen nennen mich einen Materialisten. Sie gehen sogar soweit, mich einen Atheisten zu nennen, weil ich sage, dass Gott irrelevant ist. Aber das heißt nicht, dass ich ein Atheist bin. Also bin ich nicht daran interessiert, in welche Schublade man mich steckt. Glauben Sie es oder nicht, es macht für mich überhaupt keinen Unterschied. Ich versuche Sie nicht von irgendwas zu überzeugen oder Sie für irgendwas zu gewinnen.

Wenn einmal das Verlangen, eine Veränderung herbeizuführen und anders zu sein als man gerade ist, abwesend ist, dann wird man mit etwas zurückgelassen, das man niemals erfahren kann. Das ist der Grund warum ich gesagt habe, dass ich bloß ein gewöhnlicher Mann bin. Aber die Menschen wollen mich aus ihren eigenen Gründen in ein bestimmtes System einpassen. Ich sage, dass ich bloß ein gewöhnlicher Mann bin. Jeder denkt, dass ich kein gewöhnlicher Mann bin.

# Kapitel 8

## Verloren im Dschungel

F: Du sagst, dass die Menschheit nicht wichtiger ist als eine Nacktschnecke. Würdest du das bitte kommentieren.

A: Es ist nutzlos darüber zu spekulieren, aber aus gewissen Gründen wurde uns eingeredet oder wir haben es akzeptiert, was uns da von Generation zu Generation weitergegeben wurde, dass wir hier aus einem größeren oder nobleren Grund sind als andere Spezies auf diesem Planeten. Ich behaupte, dass wir hier aus keinem nobleren Grund sind als eine Nacktschnecke oder der Moskito der Ihr Blut saugt.

Ich weiß nicht ob es da so etwas wie eine Evolution gibt. Die Leute, die darüber sprechen haben uns glaubend gemacht, dass es so etwas gäbe. Sie haben uns erzählt, dass wenn man sich die Tiergattungen anschaut, die wir auf diesem Planeten haben, dass es nur noch eineinhalb Prozent dessen gibt, was zuvor existiert hat. Wenn man die Pflanzen betrachtet, dann sieht man, dass es nur noch ein halbes Prozent dessen gibt, was einmal existiert hat. Was lässt Sie daher glauben, dass die menschliche Spezies wichtiger sei, als die anderen Spezies, die ausgestorben sind? Was uns das Überleben möglich gemacht hat und uns ermöglicht hat die menschliche Spezies zu erhalten und länger zu leben als all die anderen, ist das Denken.

F: Das Denken hat es möglich gemacht?

A: Aber es ist unser Feind. Denken ist unser Feind. Letzten Endes ist unser Glaube und unsere Hoffnung, dass wir uns mit der Hilfe des Denkens von unseren

Problemen, die das Denken erst geschaffen hat, befreien zu können, bloßes Wunschdenken.

F: Wie hat es uns dabei geholfen länger als die anderen Spezies zu leben? Wie kann es ein Hindernis sein?

A: Das Denken ist ein Schutzmechanismus. Es ist daran interessiert etwas zu verteidigen. Wir benutzen das Denken zum Zweck der Erhaltung der Kontinuität des Denkens. Alles was aus dem Denken hervorgegangen ist, ist seiner Natur nach beschützend. Es ist nicht daran interessiert das Leben um uns herum zu beschützen. Es hat uns vom Rest der Spezies auf diesem Planeten isoliert. Es hat uns die Vorstellung gegeben etwas anderes zu sein, dass alles nur für uns geschaffen wurde und dass wir das Recht haben unsere Überlegenheit zu unserem Vorteil gegen andere zu benutzen und zu tun was auch immer wir tun wollen, auf diesem Planeten.

F: Wäre es möglich, das Denken ohne diese Ideen zu benutzen und einen Vorteil aus der Natur zu ziehen?

A: Ich habe es schon sehr oft gesagt, dass das Denken in seinem Ursprung, in seinem Inhalt, in seinem Ausdruck und in seiner Handlung, faschistisch ist. Es ist sehr aggressiv. Unser wirkliches Verlangen danach, die Gesetze der Natur zu verstehen ist, sie für Zwecke der Erhaltung der Kontinuität des Denkens zu benutzen. All die Reden davon, dass das Denken altruistisch ist und dass wir bloß neugierig sind die Gesetze der Natur zu kennen, nur um des Wissens willen, ist ein Bluff. Die wirkliche Motivation, der Tatendrang hinter unserem Verlangen die Naturgesetze zu verstehen ist, sie für die Zwecke der Aufrechterhaltung der menschlichen Spezies, auf Kosten aller anderen Formen des Lebens auf diesem Planeten zu benutzen.

F: Was wäre aus der menschlichen Spezies geworden, wenn wir diese Art des Denkens nicht hätten?

A: Wahrscheinlich wären wir ausgestorben und die Natur hätte eine bessere Form einer menschlichen Spezies auf diesem Planeten geschaffen. Da kann sich jeder selbst eine Vorstellung davon machen. Ich bin von der menschlichen Spezies auf diesem Planeten nicht besonders begeistert. Wir würden alles das tun, was die

Tiere niemals tun würden. Das Überleben einer Lebensform auf Kosten einer anderen, ist ein Fakt in der Natur. Aber wir töten andere Spezies aus einer Idee heraus.

F: Wir töten auch uns selbst aus einer Idee heraus.

A: Sicherlich, so töten wir auch andere. Aber so etwas passiert bei anderen Lebensformen oder Spezies auf diesem Planeten nicht. Wir töten aus einer Idee heraus. Die ganze Grundlage unserer Kultur und Zivilisation gründet auf der Idee des Tötens und Getötet Werdens, zuerst im Namen Gottes, wie von der Kirche und all den anderen religiösen Institutionen symbolisiert und dann im Namen von politischen Ideologien, symbolisiert vom Staat.

F: Wir geben das nicht wirklich zu. Wir sagen, dass unsere Kultur auf unseren Ideen von Harmonie beruht.

A: Das glaube ich nicht. Wir bewegen uns immerwährend in die Richtung der Zerstörung von allem hin. Wir haben auf irgendeine Art, ein gewaltiges Vertrauen darin, dass das Denken, das uns geholfen hat alles was wir heute sehen zu erschaffen und dessen wir sehr stolz sind, uns helfen wird unseren Kurs zu ändern. Ich behaupte, dass dieses Vertrauen unangebracht ist. Wir haben irgendwie dieses Vertrauen, dass dieses Instrument, das Denken, das uns dabei geholfen hat, da zu sein wo wir heute sind, uns helfen wird ein besseres und glücklicheres Leben auf diesem Planeten zu ermöglichen.

F: Aber wie kommen wir da wieder heraus, wenn es tatsächlich ein Weg in die Zerstörung ist?

A: Alles was Sie entdecken, lässt die Zerstörung noch mehr in Fahrt kommen. Alles, weil das Motiv hinter dieser Entdeckung dem Zweck der Aufrechterhaltung der Kontinuität, dem Status Quo dient.

F: Gibt es denn da keine Möglichkeit, dass die menschliche Spezies das noch rechtzeitig hinbekommt und den Kurs ändert und falls es den Kurs ändert, was für eine Art Veränderung wäre das?

A: Ich sage, dass die Chancen gering bis gar nicht vorhanden sind. Wir sind verdammt, wie Sie sehen. Wie ich bereits sagte, wir sind im Dschungel verloren, wir haben alle Möglichkeiten der Flucht durchprobiert. Aber da gibt es immer noch eine leise Hoffnung, dass wir es vielleicht doch noch schaffen. Aber wir brauchen bloß still zu stehen und die Dinge passieren zu lassen.

F: Aber wie können wir still stehen? Was wird uns dabei helfen still zu stehen?

A: Sie können nicht still stehen. Sie können nicht still stehen, wegen der Angst, dass wir dann für immer verloren sind. Aber wir scheinen nicht das Gefühl zu haben, dass wir überhaupt nichts tun können, um aus diesem Dschungel herauszukommen.

F: Stehst du in dieser Art still?

A: Ja, sicherlich. Dann übernimmt das was da ist die Kontrolle und vielleicht erlaubt es Ihnen inmitten all dieser Brutalitäten zu leben. Dieses Leben hat seinen eigenen Charme. Es wird Sie nicht in Konflikt mit der Gesellschaft bringen. Sie wollen dann sogar gar nichts verändern. Das Verlangen etwas zu verändern, entstammt Ihrer Isolation. Wenn Sie einmal denken, dass Sie sich verändern könnten, dann entsteht damit auch das Verlangen eine Veränderung in der Welt zu vollbringen. Aber dieser menschliche Körper ist nicht daran interessiert irgendwas zu lernen oder zu wissen. Alles was für das Überleben gebraucht wird, ist bereits im lebenden Organismus vorhanden. Da gibt es eine enorme Intelligenz und alles was wir durch den Intellekt erreicht und angesammelt haben ist nichts dagegen.

F: … gegenüber der Intelligenz des Körpers?

A: Ja, die Intelligenz des Körpers. Er weiß. Eines der Dinge die ich immer betone und denen die daran interessiert sind versuche zu vermitteln ist, dass das menschliche Gehirn an nichts von dem interessiert ist, an dem wir interessiert sind, was die Kultur uns auferlegt hat, in allem ihrem Denken und ihren Ideen. Das Gehirn ist so stumpfsinnig, Sie wären überrascht. Es ist an keinen Erfahrungen in irgendeiner Art interessiert. Es ist nur daran interessiert dem Körper zu helfen intelligent und vernünftig zu funktionieren.

F: Du meinst das Gehirn?

A: Ja, das Gehirn. Aber unglücklicherweise benutzen wir das Gehirn für Zwecke, zu denen es nicht von Natur aus vorgesehen war. Das Gehirn ist nicht kreativ. Es reagiert bloß, es reagiert auf Stimuli. Der Mechanismus den die Erziehung und die Kultur da sozusagen implantiert haben, lässt uns daran glauben, dass es kreativ sei. Keiner der Gedanken, die wir denken, ist selbst-generiert. Keiner davon ist spontan. Sie kommen immer von außerhalb und das Gehirn ist nur dazu da diese Empfindung zu übersetzen – die Übersetzung die zum Überleben des lebenden Organismus notwendig ist.

F: Wenn das Gehirn mit derselben Intelligenz wie der Körper geschaffen wurde, was ist dann mit der Kreativität die mit dem Denken assoziiert wird?

A: Die Kreativität über die Sie da reden steht in absolut keinem Bezug zu der Kreativität des Lebens.

F: Was ist die Quelle der Kreativität und gibt es eine Kreativität in der Natur?

A: Es gibt da keine Kreativität in dem Sinne, in dem wir das Wort „Kreativität" benutzen – Sprache, die Kreativität des Denkens etc. Das Leben ist in dem Sinne kreativ, dass es keine Modelle benutzt. Alles was wir kreativ nennen ist eine Imitation, eine Kopie von etwas was schon da ist. Es ist aus zweiter Hand. In der Natur sieht man nicht mal irgendwelche Blaupausen. Wenn es eine Blaupause gibt, dann ist sie bereits in der Zelle vorhanden. Alles was jetzt da ist, war bereits in der einzelnen Zelle vorhanden. Alles ist genetisch kontrolliert.

F: Gibt es da nichts, was man verändern könnte?

A: Die Idee, dass es da etwas gibt, das man tun könnte, um eine Veränderung in uns und in der Welt herbeizuführen, hat uns in eine Situation gebracht in der wir mit der Hoffnung zurückgelassen werden, dass das irgendwie geschehen wird. Sie leben in dieser Hoffnung und sterben in der Hoffnung.

F: Ist Veränderung möglich?

A: In was für eine Art von Veränderung sind Sie interessiert? Veränderung ist auf der physischen Ebene möglich. Wenn Sie zum Beispiel mit der Form einer untersetzten Nase nicht einverstanden sind, dann können Sie zu einem Schönheitschirurgen gehen und sie in eine gebogene Nase umoperieren. Wenn Sie meinen, dass das schick ist so eine Nase zu haben, dann kann Ihnen geholfen werden. Durch die Gentechnik wird es wahrscheinlich sogar möglich sein, eine Veränderung in den Verhaltensmustern zu bewirken. Ich behaupte nicht eine spezielle Einsicht in die Natur der Dinge zu haben oder ein größeres Verständnis der Mechanismen der Natur als irgendjemand zu haben, aber dies ist etwas was ich für mich selbst herausgefunden habe. Es ist mir egal ob Sie das was ich sage akzeptieren oder nicht. Es steht und fällt für sich selbst. Mir sind auch die Biologen, die Psychologen oder Wissenschaftler im Allgemeinen, egal. Wenn sie das was ich sage ignorieren und sagen, dass es absoluter Müll ist, ist es in Ordnung für mich. Irgendwann werden sie diese Dinge sowieso herausfinden.

F: Wie entdeckt man solche Dinge?

A: Sehen Sie, diese Entdeckung ist nicht innerhalb der Struktur des Denkens. In anderen Worten, es gibt so etwas wie eine Entdeckung nicht. Entdeckung ist das falsche Wort.

F: Das falsche Wort?

A: Sie erfahren, was Sie bereits wissen. Ansonsten gibt es da überhaupt keine Erfahrung. Es gibt keine neuen Erfahrungen. Die sogenannten epochalen Entdeckungen im Bereich der Wissenschaften, sind keine wirklichen epochalen Entdeckungen. Nehmen Sie zum Beispiel die newtonsche Physik. Sie hat für einige Zeit sehr gut funktioniert. Aber genau diese newtonsche Physik erwies sich als Hindernis, um einen „Quantensprung" zu machen. Dann entdeckte Einstein etwas anderes und übernahm die Führung.

F: Entdeckte er wirklich etwas anderes?

A: In Wirklichkeit ist das nichts anderes. Wenn Sie diese zwei Entdeckungen nicht verknüpfen würden – was davor war und was Sie denken das Sie entdeckt haben – gibt es da überhaupt keinen Standpunkt darüber reden zu können. Die Wissenschaftler sind daran interessiert diese zwei Dinge zu verknüpfen und daraus Resultate hervorzubringen. Ansonsten hat die Entdeckung überhaupt keinen Wert. Die newtonsche Physik ist nicht so genau, nicht so gültig, verglichen mit dem, was wir (oder vielmehr Einstein) seitdem entdeckt haben, die „Relativitätstheorie". Natürlich ist die newtonsche Physik immer noch gültig innerhalb der Struktur des wissenschaftlichen Denkens der Menschen. Wir bewundern all diese Leute und ehren sie mit prestigevollen Auszeichnungen – den Nobel Preis usw. Wissen Sie warum? Wegen den Technologien die dadurch möglich wurden. Ansonsten gibt es da nichts, was man eine wahre Entdeckung nennen könnte. So was wie eine reine Wissenschaft gibt es überhaupt nicht. Das klingt hier alles wahrscheinlich nach sehr vielen dogmatischen Aussagen, aber meine Aussagen stehen und fallen für sich selbst.

F: Aber da muss etwas sein…

A: Warum sagen Sie, dass da etwas sein muss? Da könnte nichts sein. Wie fahren Sie fort vom Standpunkt: „Da könnte nichts sein…"?

F: Du hast anscheinend einige Erfahrungen gemacht, die dir geholfen haben, die Dinge klarer zu sehen. Wie hat es dir geholfen? Kannst du über deine Erfahrung sprechen?

A: Ich sage dazu sehr oft „hineingestolpert". Irgendwie, kam mir irgendwann während meiner Suche die Einsicht, dass dieses Instrument, das wir benutzen, was wir Intellekt nennen, nicht wirklich das Instrument ist, um irgendwas verstehen zu können. Aber es war mir sehr klar, dass der Intellekt das einzige Instrument ist das wir haben, um alles zu verstehen und dass es kein anderes Instrument gibt. Also ist unsere ganze Suche nichts anderes als eine Verbesserung…

F: Verbesserung des Intellekts…

A: Schärfung des Intellekts. Das ist alles was es da gibt. Also das (der Intellekt) hat mir weder dabei geholfen die Probleme meines Lebens zu lösen, noch mich selbst und die Welt um mich herum zu verstehen. So dämmerte mir plötzlich, dass es nicht das Instrument ist und dass es kein anderes Instrument gibt.

F: …dass der Mensch kein Instrument besitzt um verstehen zu können.

A: Es gibt kein anderes Instrument, um irgendwas zu verstehen, außer dem Intellekt. Das lässt die ganze Grundlage von Intuition oder irgendeiner anderen Möglichkeit die Realität um uns herum verstehen zu können wegbrechen. Da gibt es nichts zu verstehen. Darum behaupte ich auch, dass es so etwas wie Realität überhaupt nicht gibt, ganz zu schweigen von einer ultimativen Realität. Sie haben keine Möglichkeit die Realität von irgendwas zu erfahren – die Realität die wir für so selbstverständlich gehalten haben. Wir erfahren nichts anderes als das, was wir wissen.

F: Also erfahren wir bloß die Vergangenheit. Sie wiederholt sich.

A: Es ist ein sich wiederholender Prozess, der immer und immer wieder dasselbe erfährt. Deswegen hoffen wir von Geburt an, dass wir eines Tages irgendwas ganz besonderes finden, eine ganz neue Erfahrung. In dem Moment, in dem Sie sagen, dass es etwas ist, was Sie noch nie zuvor erfahren haben, dass es eine neue Erfahrung sei, heißt das, dass es bereits ein Teil des Mechanismus der vergangenen Erfahrungen geworden ist.

F: Bist du gelangweilt?

A: Langeweile gibt es nur, wenn Sie denken, dass es da etwas Interessanteres, etwas Zweckmäßigeres oder Sinnvolleres gäbe das Sie tun könnten, als das was Sie gerade tun.

F: Nun, du empfindest nicht, dass du etwas anderes tun könntest…

A: Das ist alles was es für mich gibt.

F: Wie bist du aus dieser Langeweile herausgekommen?

A: Ich wünschte ich wüsste das. Deswegen habe ich das Wort „hineingestolpert" benutzt. Es gibt keine Möglichkeit wie ich das kommunizieren kann. Jeder der zu mir kommt, mir zuhört und versucht zu verstehen was ich zu erklären versuche, verschwendet seine Zeit, weil es keine Möglichkeit gibt wie Sie zuhören können ohne zu interpretieren. Der, der interpretiert, ist der Referenzpunkt, der Sie sind. Sie sind das Produkt der Gesamtheit aller Gedanken, Erfahrungen und Gefühle jeder Form des Lebens das vor Ihnen existiert hat. Es sagt, dass es sich verändern will, aber die Veränderung in die es interessiert ist, ist nur um seine Kontinuität und seinen Status Quo aufrecht zu erhalten. Obwohl sich die Dinge permanent verändern, will es nichts akzeptieren das seinen Status Quo stören könnte. Wenn Sie das was ich sage interpretieren, verstärken und bekräftigen Sie bloß Ihren Referenzpunkt.

F: Aber ich bin komplett steckengeblieben.

A: Sie wollen nicht akzeptieren, dass jeder Versuch ihrerseits sich aus dieser Falle, in der Sie sich befinden, zu befreien die Fesseln fester zuschnürt und es gibt da keinen Ausweg.

F: Also müssen wir akzeptieren, dass wir festsitzen?

A: Akzeptieren bedeutet, dass Sie die Nase voll davon haben irgendwas zu tun. Aber das nur zu sagen, heißt nicht wirklich irgendwas.

F: Also müssen wir einen Zweck im Leben haben?

A: Warum suchen wir nach einem Zweck oder einem Sinn? Warum?

F: Warum wir das machen? Das ist die Frage. Warum machen wir das?

A: Sie fragen mich, warum wir das machen? Warum sollte es da einen Sinn geben? Die Frage wie man leben sollte, hat absolut keinen Bezug zum Funktionieren des lebenden Organismus. Er lebt die ganze Zeit. Er braucht die Frage wie man leben sollte nicht zu stellen. Die Frage „Wie soll man leben?", ist eine künstliche Frage für den lebenden Organismus.

F: Die Suche nach einem Sinn ist also absurd?

A: Offensichtlich sehen Sie keinen Sinn. Sie sehen keinen Zweck im Leben. Offensichtlich sehen Sie nicht. Ich meine nicht nur Sie. Ich meine die Menschen. Für mich ist diese Frage zu dämlich, so sinnlos, so absurd – „Was ist der Sinn des Lebens?" Es ist nicht das Leben an dem wir wirklich interessiert sind, sondern wie man leben soll. Das Problem der Lebensweise ist eine sehr anstrengende Sache geworden – mit jemandem anderen zusammenleben, mit unseren Gefühlen leben, mit unseren Ideen leben. In anderen Worten, es ist das Wertesystem, in das wir hineingeworfen wurden. Sie sehen, das Wertesystem ist falsch.

F: …wie Kleber, der überall ist.

A: Wir versuchen uns in dieses Wertesystem einzupassen, das total falsch ist. Es verfälscht Sie. Aber Sie sind nicht bereit zu akzeptieren, dass es Sie verfälscht. Sie verwenden sehr viel Energie, um sich selbst in diese Struktur oder dieses Wertesystem einzupassen.

F: Wie kommt jemand zu diesem Punkt, an dem er oder sie bereit ist zu akzeptieren, dass das falsch ist?

A: „Wie" impliziert, dass Sie das von jemandem wissen wollen…

F: Du meinst die Frage zu stellen…

A: Das fügt dem bloß mehr Kraft hinzu – Wissen, Wissen und noch mehr Wissen. Darum stellen wir immer die Frage „Wie?". „Wie?" bedeutet, dass Sie wissen wollen. Was ist dieses „Ich", das Sie selber erfahren? Das „Ich" wie Sie sich selber kennen ist ein Produkt der Kraft des Wissens, das uns gegeben wurde. Es hat diese Frage, bei der Sie meinen, dass es eine sehr intelligente Frage wäre. Durch Ihr Verlangen danach eine Antwort auf diese Frage zu bekommen, will es wissen, wie man diesem Wissen noch mehr Kraft hinzufügen kann.

F: Es ist also ein Trick. Es verfälscht uns.

A: Es weiß, dass es sich durch das Fragenstellen mehr Kraft verleihen kann. Es sind nicht „Sie", weil „Sie" nicht existieren. Es gibt da überhaupt kein Individuum. Die Kultur, die Gesellschaft oder wie auch immer Sie das nennen wollen, hat „Sie" und „mich", für den einzigen Zweck geschaffen, seine Kontinuität aufrecht zu erhalten. Diese zwei Aspekte haben für uns diese neurotische Situation geschaffen. Es gibt da also kein Individuum und eine Handlungsfreiheit gibt es auch nicht. Ich spreche hier aber nicht über eine fatalistische Philosophie oder etwas in der Art. Es ist dieser Fakt der uns so frustriert. Das Verlangen danach, uns selbst in dieses Wertesystem einzupassen, verbraucht eine gewaltige Menge an Energie und es bleibt kaum was übrig, um mit den Lebensproblemen fertig zu werden. Die ganze Energie wird von den Erfordernissen der Gesellschaft verbraucht, um in die Struktur dieses Wertesystems zu passen. Die eigentlichen Probleme des Lebens sind sehr simpel.

F: In welcher Hinsicht?

A: In dieser Welt zu Überleben ist kein schweres Problem. Aber der Aufwand, den wir betreiben müssen um uns in dieses Wertesystem einzupassen, verbraucht wie gesagt, eine gewaltige Menge an Energie.

F: Aber was passiert, wenn man sich selbst nicht in dieses Wertesystem einpasst?

A: Ich bin nicht in Konflikt mit der Gesellschaft. Sie scheinen in Konflikt zu sein mit dieser Gesellschaft, aber ich nicht, weil ich herausgefunden habe, dass sie nicht anders sein kann, dass es keine Möglichkeit gibt sie zu verändern. Sie wollen eine Veränderung in der Welt vollbringen. Sehen Sie, das Problem liegt im Bereich der Beziehungen. Es ist einfach nicht möglich irgendeine Beziehung mit irgendwas um Sie herum aufzubauen, Ihre nahesten Verwandten eingeschlossen, außer auf der Ebene von, wie Sie von dieser Beziehung profitieren können. Sehen Sie, die ganze Sache entspringt der Separation und Isolation, in der die Menschen heutzutage leben. Wir sind vom Rest der Schöpfung isoliert, vom Leben um uns herum. Wir leben alle, in individuellen Strukturen. Wir benutzen andere, um zu versuchen, diese Leere, die durch die Isolation geschaffen wurde, zu füllen.

Wir wollen immer diese Leere füllen, dieses Vakuum, mit allen möglichen Arten von Beziehungen mit Menschen um uns herum. Das ist wirklich das Problem. Wir müssen alles benutzen – eine Idee, eine Person, alles was wir bekommen können, um Beziehungen mit anderen aufzubauen. Ohne Beziehungen sind wir verloren und wir sehen keinen Sinn, keinen Zweck. Darum besteht Ihr einziges Interesse darin, eine zweckvolle und sinnvolle Beziehung mit den Individuen und der Welt um Sie herum aufzubauen. Deswegen wollen Sie die Realität der Welt verstehen.

Aber es gibt da nichts zu verstehen. Es gibt so etwas wie Realität überhaupt nicht. Ich muss die Realität der Welt so akzeptieren, wie sie uns von der Gesellschaft auferlegt wurde. Etwa, dass ich Sie eine „Frau" nenne, das nenne ich eine „Bank" und das hier eine „Schale".

Anderenfalls werden wir nicht in der Lage sein in dieser Welt vernünftig und intelligent zu funktionieren. Diese Art von Wissen kann nur zu Zwecken des Funktionierens in dieser Welt benutzt werden. Alles was Sie tun, um die Realität der Welt zu verstehen, wird nicht nützlich, hilfreich oder sinnvoll sein.

# Kapitel 9

## Der Tod ist eine Neuordnung von Atomen

F: Wie unterscheidest du dich von mir? In den Erkenntnissen? Oder gibt es da irgendeinen anderen Unterschied?

A: Der Gedanke, dass ich von Ihnen verschieden wäre, kommt mir niemals in den Sinn. Es ist das Denken, dass Sie separiert und Ihnen erzählt, dass ich von Ihnen verschieden wäre, dass ich anders als Sie funktionieren würde. Aber Sie und ich funktionieren auf exakt dieselbe Weise.

F: ...außer, dass ich immer noch nachdenke um irgendwann zu wissen.

A: Ja, Sie wollen wissen. Der lebende Organismus ist wie ein Computer mit einer außergewöhnlichen Intelligenz, vergleichbar mit der Funktionsweise dieses Kassettenrekorders. Der Rekorder fragt sich niemals, „Wie funktioniere ich?" Alles was er braucht ist Strom. Die Elektrizität ist notwendig für seine Funktionen. Aber hier ist die Energie eine Art der Ausdrucksweise des Lebens. Energie ist bereits vorhanden. Aber Sie stellen die ganze Zeit diese Fragen.

Der Gedanke, dass ich anders wäre als Sie, kommt mir niemals in den Sinn. Wenn Sie mich fragen, „Bist du nicht verschieden von mir?", dann ist all das Wissen, dass ich habe, dass Sie und mich separiert, bereits in dem Computer vorhanden. Es sagt mir, dass Sie eine Frau sind, ich ein Mann bin und dass Sie intelligenter sind als ich. Die ganze Reihe von Ideen, die in diesen Computer eingegeben wurden, wird wirksam. Ihre Frage, bringt das Wissen das hier (zeigt auf sich selbst) gespeichert ist, hervor. Hier sind also zwei Computer, die miteinander reden, aber Sie wollen ein Element einführen, welches kein Teil der Funktionen dieses lebenden Organismus ist. Deswegen beginnen Sie zu denken, dass es da etwas anderes hier (in U.G.) geben müsste.

F: Also verursache ich diese Separation?

A: Sie verursachen diese Separation. Es ist genau diese Frage, die uns separiert. Aber eigentlich gibt es da überhaupt keine Fragen. Alle Fragen stammen aus den Antworten, die wir bereits haben. Das sind keine echten Fragen.

F: Also sollten wir dann eigentlich einfach nur schweigen?

A: Denken Sie, dass Stille ein Mittel wäre, um irgendwas zu verstehen? Es ist das Spiel all dieser religiösen Leute. Durch Stille meinen sie, dass sie etwas kommunizieren würden. Aber in dieser Stille ist keine Kommunikation notwendig.

F: Was ist die Natur von Intelligenz? Was bedeutet dieses Wort für dich?

A: Die einzige Bedeutung, die mir da in den Sinn kommt, ist das was Sie auch in einem Wörterbuch finden würden.

F: Du kommst mir sehr intelligent vor.

A: Ich würde sagen, dass Sie intelligenter sind als ich. Das ergibt sich nur aus unserer Herkunft und unserer ererbten Unterschiede.

F: Gibt es da keine höhere Intelligenz?

A: Sie sind intelligenter als ich. Sehen Sie, das ist etwas was gemessen werden kann. Wir haben da einige Maßstäbe auf der Welt, die sagen, dass Sie intelligenter sind als ich. Diese sind für mich akzeptabel. Aber jeder Versuch meinerseits, meine Intelligenz zu schärfen, sie zu verändern, zu modifizieren und zu verbessern, würde eine gewaltige Menge an Energie verbrauchen. Das ist alles. Sehen Sie, ohne das, bleiben Sie zurück mit etwas außergewöhnlichem. Es ist nicht daran interessiert sich mit Ihrem Intellekt oder sonstigem zu messen. Es ist keine Frage der Akzeptanz, dass ich ein minderwertiger Schwachkopf bin. „Akzeptanz" ist nicht das richtige Wort. Wenn es einmal zur Tatsache wurde, dass es da keine Bewegung in irgendeine Richtung der Verbesserung, Veränderung oder Entwicklung in irgendwas anderes oder besseres gibt, dann ist das was da ist, etwas außergewöhnliches. Es ist auf seine Weise außergewöhnlich. Jedes Individuum ist außergewöhnlich. Die Natur erschafft perfekte Spezies, aber keine perfekten Individuen.

F: Natur?

A: Perfekte Spezies, keine perfekten Individuen. Perfekte Individuen wurden vom religiösen Denken der Menschen geschaffen. Wir haben die Modelle von Jesus, Buddha und all der anderen religiösen Lehrer vor uns gesetzt. Es wäre eine entsetzliche Welt, wenn hier alles voll wäre mit Leuten wie Jesus oder Buddha.

F: Es wäre schrecklich und entsetzlich.

A: …wie als ob man die Erde nur mit Rosen einer einzigen Art bepflanzen würde. Das ist, was die Erziehung uns antut.

F: Also ist das Individuum nicht perfekt, aber die Spezies ist es…?

A: Jeder Mensch ist anders. Das ist alles was ich sage. Es gibt keinen auf der Welt, der so ist wie Sie. Das sage ich Ihnen, es gibt da niemanden! Ich meine das Physiologisch. Aber wir ignorieren das und versuchen alle in eine geläufige Form zu pressen und dann daraus so was wie einen gemeinsamen durchschnittlichen Faktor zu berechnen. Die ganze Zeit versucht man sie zu unterrichten und sie in dieses Wertesystem einzupassen. Wenn dieses Wertesystem nicht mehr funktioniert, dann findet normalerweise eine Revolution statt. Die ganze Idee der Restrukturierung ist nichts anderes als eine Neubewertung des alten Wertesystems. Es bleibt dasselbe. Nach einiger Zeit beruhigen sich die Dinge und dann beginnt alles von vorn. Da gibt es wieder keine Verbesserung oder nur eine geringfügige Verbesserung. Aber es ist grundsätzlich eine modifizierte Kontinuität desselben. Sie wissen was wir für schreckliche Dinge in diesem Prozess getan haben. Ist es das alles wirklich wert? Aber Sie scheinen zu denken, dass es das wäre. Nachdem so viele Menschen getötet wurden, kehren Sie zurück zum selben System, denselben Techniken. Was soll das bringen? Aber wir gehen diesen Weg trotzdem weiter.

F: Kann ich dich etwas über den Tod fragen? Was ist der Tod?

A: In der Natur gibt es so etwas wie den Tod nicht, sondern nur eine Neuordnung von Atomen.

F: Was passiert?

A: Das Gleichgewicht der Energie in der Natur muss aus gewissen Gründen beibehalten werden. Ich weiß nicht warum. Also geschieht der Tod nur, wenn es eine Erfordernis gibt, das Gleichgewicht der Energie im Universum aufrechtzuerhalten. Es ist nichts anderes als eine Neuordnung von Atomen. Dieser Organismus hat keine Möglichkeit herauszufinden, dass er zu einem bestimmten Zeitpunkt geboren wurde und an einem anderen Zeitpunkt sterben wird. Er weiß auch nicht, dass er in diesem Moment lebendig ist und nicht etwa tot. Das Wissen, das wir über diesen lebenden Organismus haben – die Geburt, der Tod und all das – ist hier abwesend (zeigt auf sich selbst).

F: Du sagst also, dass du nicht wissen kannst, ob du tot oder lebendig bist?

A: Keine Chance. Wenn Sie mir die Frage stellen, „Bist du lebendig?", dann würde ich sagen, dass ich lebendig bin, weil die Frage aus der Idee entstammt, wie ein lebender Mensch funktioniert, handelt und denkt. Das ist eine Idee. Also antworte ich normalerweise, wenn Sie mich fragen ob ich lebendig bin oder tot, dass ich sehr lebendig bin, weil die Frage das ganze Wissen hervorbringt, das wir über die Verhaltensweisen eines lebenden Menschen haben. Aber wir haben keine Möglichkeit die Tatsache zu erfahren, dass das ein lebendiges Ding ist. Sehen Sie, das Denken ist etwas Totes. Es versucht etwas, das lebendig und pulsierend ist, zu erfassen.

F: Also versucht das Denken etwas zu erfahren, für das es keine Kapazität hat, es erfahren zu können?

A: Keine Kapazität, weil es in diesem Prozess verbrannt werden könnte. Wenn Sie das Leben berühren, dann sind Sie am Ende. Also will das Denken es nicht berühren, es will damit spielen, Handschuhe anziehen und darüber reden.

F: Hat der Körper das Verständnis, abzüglich der Gedanken?

A: Das Herz weiß zu keinem Zeitpunkt, dass es Blut pumpt. Es stellt nicht die Frage, „Mache ich das richtig?" Es funktioniert einfach. Es stellt auch die Frage, „Gibt es da einen Zweck?", nicht. Für mich hat diese Frage keine Bedeutung.

F: Gibt es ein Leben nach dem Tod?

A: Alles was ich darüber sage, wäre nicht besonders interessant für die Menschen. Wenn Menschen mich fragen, ob es da so etwas wie Wiedergeburt gibt, dann antworte ich, dass es das für diejenigen gibt die daran glauben. Es ist keine clevere Antwort weil es der Glaube ist, der entscheidend ist. Wenn Sie eine fundamentale Frage stellen würden wie, „Gibt es so etwas wie Wiedergeburt, in derselben Weise wie die anderen Naturgesetze, wie die Gravitation?", dann wäre meine Antwort negativ, ein definitives „Nein". Es ist kein Teil der Natur, so wie es die Gravitation ist. Aber wenn Sie glauben wollen, dass sie es ist, dann ist es was anderes. Der Glaube an die Wiedergeburt entstammt dem Verlangen danach, dass etwas nach dem sogenannten Tod weiterbesteht. Es ist derselbe Mechanismus, der wissen will, was nach dem Tod passiert. Aus exakt demselben Grund stellen Sie die Frage, „Gibt es da irgendeinen Sinn, gibt es einen Zweck im Leben?" Aus irgendeinem Grund will dieser Mechanismus, diese Bewegung des Denkens, nicht an ihr Ende kommen. Sie haben Menschen sterben sehen. Daher ist der Glaube, dass es hier einen Mittelpunkt gäbe, einen Geist oder eine Seele, für den Glauben verantwortlich, dass es ein Jenseits gibt. Aber wenn Sie wissen wollen, ob es da ein Jenseits gibt, dann müssen Sie jetzt sterben. Wenn die Frage oder der Glaube darüber an ein Ende kommt, dann tritt hier und jetzt der Tod ein. Der klinische Tod findet dann statt. Dann würde die Frage nach einem Leben nach dem Tod überhaupt nicht mehr auftauchen, weil der lebende Organismus keine Möglichkeit hat zu wissen  ob er am Leben ist.

F: Sie sagen also, dass es die Wiedergeburt nicht gibt?

A: Der Glaube muss gehen. Das Ende des Glaubens ist der Tod.

F: Also beendet der Tod allen Glauben?

A: Aber Sie ersetzen einen Glauben mit einem anderen, eine Illusion mit einer anderen Illusion. Das ist alles was wir machen.

F: Ich wollte dich noch etwas anderes fragen.

A: Die Antwort wird dieselbe sein.

# Kapitel 10

## Vergnügungen sind schmerzhaft für den Körper

F: Ich wollte dich etwas über die Liebe fragen.

A: Oh mein Gott! Oh mein Gott!

F: Ich weiß was die Leute über die Liebe sagen.

A: Was denken Sie darüber?

F: Ich weiß es nicht.

A: Ich weiß es auch nicht.

F: Ist da was anderes…?


A: Wie Sie wissen, müssen da zwei sein. Ich liebe jemanden und jemand liebt mich. Überall wo es Teilung gibt, kann es keine Liebe geben. Wir versuchen diese Lücke zu überbrücken, die schrecklich für uns ist, die keinen Sinn macht, die etwas von uns verlangt, mit dieser raffinierten Idee, dass es da Liebe geben muss, zwischen diesen zwei Individuen.

F: Zwischen was auch immer…?

A: Zwischen was auch immer – Ich liebe mein Land, Ich liebe meinen Hund, Ich liebe meine Frau usw. Was ist der Unterschied – ob ich meine Frau liebe, mein Land oder meinen Hund? Das klingt vielleicht sehr zynisch. Fakt ist aber, dass es da keinen Unterschied gibt. Sie lieben ihr Land, ich liebe mein Land und dann gibt es Krieg.

F: Also gibt es da keine Liebe? Liebe ist ein anderer dieser Gedanken?

A: Ja, vom Denken geschaffen.

F: Kann der Körper nicht lieben?

A: Es liebt sich selbst nicht. Es gibt hier keine Trennung.

F: Ist das alles, was es mit der Liebe auf sich hat?

A: Sie wollen, dass ich Ihnen eine positive Antwort auf Ihre Frage gebe. Ich versuche nicht auszuweichen. Das ist kein politisches Interview. Ich will keine clevere oder diplomatische Antwort geben. Warum stellen wir Fragen über die Liebe?

F: Nun, Menschen fragen etwas darüber.

A: Offensichtlich sind unsere Beziehungen nicht so liebevoll. Also wollen wir sie, irgendwie, zu liebevolleren Beziehungen machen.

F: Das lässt uns fühlen.

A: Was für eine Menge an Energie wir in unsere Beziehung stecken, um daraus etwas Liebevolles zu machen. Es ist ein Kampf, es ist ein Krieg. Es ist, als ob man sich die ganze Zeit auf einen Krieg vorbereitet und hofft, dass es Frieden, ewigen Frieden geben wird. Sie haben diesen Kampf so satt, dass Sie sich sogar mit dieser schrecklichen und lieblosen Beziehung abfinden. Sie hoffen und träumen, dass es eines Tages nichts als Liebe sein wird. „Liebe deinen Nächsten, wie dich selbst", wie viele Menschen sind im Namen dieser Phrase gestorben? Mehr als in allen letzten Kriegen zusammengenommen. Wie können Sie Ihren Nächsten so lieben wie sich selbst? Das ist einfach nicht möglich.

F: Denkst du, dass es unmöglich ist für einen Menschen?

A: Offensichtlich, warum werden anderenfalls so viele Menschen, Frauen, Kinder und Hilflose ermordet?

F: Nein. Aber es gibt auch gute Nachbarn wie du weißt.

A: Ja, ja. Wenn einmal die Liebe scheitert, eine perfekte und ideale Beziehung zwischen zwei Individuen aufzubauen, dann ist es der Hass, mit dem wir zurückgelassen werden. Falls es kein Hass ist, dann ist es Abneigung oder Gleichgültigkeit.

F: Was ist mit der Sexualität? Ist das nur eine Funktion zur Reproduktion oder hat es noch einen anderen Sinn…?

A: Sexualität, wenn sie sich selbst überlassen wird, wie im Falle der anderen Spezies, anderer Lebensformen, ist bloß ein biologisches Bedürfnis, weil der lebende Organismus das Ziel hat zu überleben und sich selbst zu reproduzieren. Alles, was wir darüber legen, ist komplett ohne Relevanz für den lebenden Organismus. Aber wir haben daraus, was wir sexuelle Aktivität nennen, was von Natur aus biologisch ist, eine Genuss Bewegung gemacht. Ich habe nichts gegen diese Genuss Bewegung. Es wurde für uns durch die Hilfe des Denkens möglich, zu jeder Zeit zu der wir wollen, Sex zu haben.

F: Also, ist das eine der Methoden, wie uns das Denken vom Rest der Welt separiert hat.

A: Dann ist da wieder diese Langeweile. Wir müssen Bücher schreiben – die Freuden der Liebe, das Kamasutra und all die Bücher dieser Art – um es wieder interessant zu machen. Für Tiere ist es nicht möglich Sex zu haben, wann immer sie wollen. Tiere benutzen es bloß zum Zweck der Reproduktion. Es liegt nicht in meinem Interesse, dass Sie das nun verurteilen sollen oder promiskuitiv werden oder den Sex als ein Mittel für ihre spirituelle Verwirklichung benutzen sollen. Nein.

F: Du sagst also, dass Sex keine spirituelle Erfahrung sein kann?

A: Es ist eine sehr simple Funktion des lebenden Organismus. Die religiösen Menschen haben es zu etwas großem gemacht und sich darauf konzentriert den Sex zu kontrollieren. Danach, haben es die Psychologen zu etwas außergewöhnlichem gemacht. Der ganze Kommerz hängt mit dem Sex zusammen. Wie denken Sie, wird es wieder an seinen richtigen Platz kommen?

F: Es wird benutzt um etwas zu verkaufen.

A: Ja, sicher, ich habe da nichts dagegen. Verstehen Sie mich nicht falsch. Ich wollte bloß aufzeigen für was wir diese simple biologische Funktion benutzen. Ich verurteile das nicht. Es ist da, wie Sie sehen. Ihr Gerede darüber, dass es ein Ausdruck der Liebe sei, hat für mich keine Bedeutung.

F: Dann gibt es da keine Beziehung zwischen Liebe und Sex?

A: Nein.

F: Das ist wirklich verheerend! Die meisten glauben, dass Liebe ohne Sex, wie ein feuchter Handschlag sei.

A: Es würde uns gefallen, wenn es so wäre, weil es sehr tröstlich ist. Wenn Sex nur für biologische Zwecke benutzt werden würde, wie ich gesagt habe, dann ist es keine verheerende Situation. Es wäre wieder an seinem richtigen Platz. Darum haben wir auch diese ganzen anderen Dinge erfunden – Gott, Wahrheit und Realität – welche nichts anderes sind als die ultimativen Vergnügen.

F: Ist das auch ein Ziel?

A: Ob Sie jetzt hier sind, in Russland oder sonst wo, das einzige, das jeder auf dieser Welt will, ist glücklich zu sein, ohne einen Moment des Unglücks, Freude ohne Schmerz. Das ist einfach nicht möglich, weil dieser lebende Organismus nicht weiß was Freude ist, was Glück ist.

F: Der Organismus weiß nicht was Vergnügen ist?

A: Er will es sogar nicht.

F: Er will, aber er hat es nicht.

A: Er will es nicht, weil all diese Empfindungen ihn stören. In dem Moment, in dem es eine angenehme Empfindung gibt, taucht gleichzeitig das Verlangen auf, es länger und noch länger anhalten zu lassen. Darum gibt es auch diese gewaltige Frustration. Sie wollen es für jeden möglich machen, dass er immer glücklich sein kann und er immer nur erfreuliche und angenehme Empfindungen hat und keine schmerzhaften. Es ist durch Drogen wie „Ecstasy" möglich, aber für wie lange?

F: Was passiert, wenn Sie süchtig danach werden?

A: Auf lange Sicht gesehen, zerstört es die Sensibilität des Körpers.

F: Wie meinst du das?

A: Sie sind nicht wirklich in Kontakt mit dem Leben.

F: ...also separiert uns das Denken vom natürlichen Zustand?

A: Ja.

# Kapitel 11

## Ein Freak der Natur

F: Ich will dich etwas über deine persönlichen Erfahrungen fragen und Ich weiß, dass du nicht darüber reden möchtest...

A: Die Menschen stellen mir solche Fragen sehr oft. Aber lassen Sie es mich so sagen, was mir auch immer passiert ist, ist trotz allem passiert was ich getan habe. Einige der Biographen, die meine Lebensgeschichte schreiben wollten, waren sehr gespannt zu erfahren was ich getan und nicht getan habe, was mir geholfen hat. Sie nehmen also an, dass mir irgendwas, das ich getan habe, dabei geholfen hat. Aber das ist nicht wahr. Sie müssen meine Worte akzeptieren, wenn nicht ist es auch egal. Alles was ich getan habe steht in keinem Zusammenhang zu dem, was heute ist. Von dem Moment an, gibt es da keine Geschichte, die man erzählen könnte. Heute bin ich hier und rede mit Ihnen, morgen werde ich irgendwo anders sein und mit meinen Freunden reden und übermorgen werde ich in England sein. Das ist alles.

Ich stehe der Öffentlichkeit zur Verfügung. Ich bin jeden Moment hier, wenn Sie sehen wollen was ich tue, die ganzen 24 Stunden. Ich habe kein Privatleben. Sie können zu jeder Zeit, wenn Sie wissen wollen was U.G. gerade macht, kommen und nachsehen. Da gibt es also keine Geschichte zu erzählen. Darum behaupte ich, dass das was mir passiert ist, trotz allem passiert ist, was ich getan habe. Aber Sie wollen herausfinden wie und warum es mir passiert ist und nicht jedem. Sie wollen einen Ursache - und Wirkungszusammenhang herleiten und es für jeden möglich machen das zu erleben. Das ist aber etwas, das nicht reproduziert werden kann. Es ist ein Freak der Natur.

F: Aber wir wollen wissen was das ist.

A: Sogar der Wille das zu verstehen, hat keine Bedeutung für Sie. Belassen Sie es einfach dabei. Es gibt da so viele sonderbare Dinge in der Natur. Wenn Sie versuchen sie zu kopieren, sind Sie verloren. Sie sind in derselben Situation wie zuvor. Sogar die Natur hat kein Verwendung für diesen Körper (zeigt auf sich). Sie hat ihn verworfen, weil er sich nicht mehr reproduzieren kann.

F: Also wurdest du von der Natur verworfen?

A: Ja, von der Natur verworfen. Wie könnten Sie daraus ein Modell machen? Wir haben aus all denen, die von der Natur verworfen wurden ein Modell gemacht.

F: Wie viele waren das?

A: Ich weiß es nicht. Wahrscheinlich, können Sie die an den Fingern abzählen.

F: Die Menschen die..

A: Ich weiß es nicht. Ich kann es nicht genau sagen. Die interessieren mich überhaupt nicht.

F: Aber was ist mit all den Ideen – die religiösen Ideen über Jahrhunderte hinweg, die spirituellen Ideen? Gibt es da keine Tradition, die du noch kennst?

A: Dazu kann ich eins sagen: was mich betrifft, kann ich sagen, dass das alles falsch ist und es hat mich verfälscht. Also fragen Sie mich nicht, „Wie kann das alles falsch sein?" Nein, darum geht es nicht. Ich will nicht verfälscht werden, weil ich nicht auf diese Weise funktioniere. Ich wollte in dem Zustand sein, in dem diese Menschen waren, von denen ich gelesen hatte, dafür habe ich mich extrem abgemüht.

F: Du hast dich abgemüht?

A: Es hat mich nirgendwohin gebracht. Es gibt keine Möglichkeit, wie Sie das verwerfen können, weil es das ist, was Sie „Ich" nennen, geschaffen hat.

F: Was hat mich geschaffen?

A: Das Wertesystem hat „Sie" geschaffen und es gibt keine Möglichkeit, wie Sie sich davon befreien können. Alles was Sie tun, um sich davon zu befreien, fügt dem Kraft hinzu. Diese Erkenntnis ist mir damals nicht gekommen. Das Denken, kann nicht als Instrument benutzt werden. Sie können es benutzen, um das Wertesystem zu kontrollieren, zu formen und umzugestalten. Aber Sie können sich durch die Hilfe des Denkens, nicht davon befreien. Sogar die Idee, dass Sie Ihr Denken kontrollieren sollten, um in einem gedankenlosen oder friedvollen Zustand zu sein, wurde vom Denken geschaffen, damit es seine Kontinuität durch kleine belanglose Erfahrungen aufrechterhalten kann.

F: Was ist mit diesen Zuständen des höheren Bewusstseins, über das die Leute reden?

A: Wenn es so etwas geben sollte, dann sind Sie bereits ein Ausdruck dessen. All diese Vorstellungen wurden durch das Denken geschaffen. Bewusstsein ist auch nur ein Konzept. Sie werden sich etwas nur durch die Hilfe von Wissen bewusst. Ich werde mich Ihnen nur durch das wissen, dass ich über Sie habe, bewusst. Die Tatsache, dass ich sage, dass Sie eine Frau sind, eine intelligente Frau und eine hübsche Frau – all das ist ein Teil des Wissens. Anderenfalls, bin ich nicht von Ihnen separiert. Es gibt keine Möglichkeit wie ich Sie ansehen kann und irgendwas über Sie sagen kann. Die Augen agieren nur als Kamera.

F: Also gibt es keine Möglichkeit, wie du irgendetwas wahrnehmen kannst, außer durch die Hilfe von Wissen?

A: Wissen erschafft Vorstellungen. Aber es gibt keine Möglichkeit, wie diese physische Funktion, irgendeine Vorstellung erschaffen kann. Der Moment, in dem ich mich von dieser Seite, auf die andere umdrehe, löscht alles aus, was auf der anderen Seite war.

F: Ich verschwinde.

A: Sie verschwinden, weil die Augen nicht mehr auf Sie schauen, sondern auf ihn oder auf den Stuhl oder auf was auch immer sie sich gerade fokussieren. Aber wenn man mich fragt, „War sie nicht hübsch?", „hübsch" ist ein Wort, keine Vorstellung. Verstehen Sie? „Sie ist sehr „scharf"". Ein anderes Wort. Ich rede in Worten über Sie und es entsteht ein Wort-Bild. Aber die Vorstellungen, die physischen Vorstellungen sind komplett abwesend. Die sogenannten psychologischen Vorstellungen haben in diesem Schema keinen Platz. Die Augen sind wie eine Kamera. Wenn Sie die Kamera von einer Szenerie, zu einer anderen bewegen, dann wird das Ganze, auf dem es zuvor fokussiert war, ausgelöscht. Was hier im Computer (zeigt auf seinen Kopf) ist, ist bloß ein Wort-Bild und vielleicht noch Geräusche.

Heutzutage kann man ja Computern diktieren. Man hat aber Probleme mit Akzenten umzugehen. Computer haben da noch Schwierigkeiten, zum Beispiel wenn ein Inder, Deutsch mit indischem Akzent spricht. Sie müssen diesen Akzent lernen. Man muss es heutzutage nicht mehr tippen. Auf dieselbe Weise werden die Geräusche hier im Computer (zeigt auf sich) registriert. Dieses Wort-Bild hier. Das ist alles was ich gebe – ein Wort-Bild. Wenn ich Sie nicht anschaue, dann kann ich keine Vorstellung erschaffen, weil das Auge nicht auf Sie fokussiert ist. Das Problem ist sehr simpel. Ich weiß nicht wie Sie aussehen, weil ich keine Möglichkeit habe in mir eine Vorstellung zu erschaffen. Also hört es auf, ein Problem zu sein. „Ich habe eine außergewöhnlich intelligente und hübsche Frau getroffen", - was soll das bedeuten?

Meine Tochter fragt mich manchmal: „Ich bin deine Tochter, was bedeutet das für dich?" Es bedeutet gar nichts für mich. Wenn sie bei mir ist und jemand mich fragt, „Wer ist das?", dann sage ich, „Das ist meine Tochter", das ist das, was im Wörterbuch als Bedeutung steht.

F: … das ist da in unserem System.

A: Die Vorstellung die wir haben, ist auf dem Wort aufgesetzt. Das ist das wirkliche Problem. Also müssen die Vorstellungen verschwinden. Aber es gibt nichts was Sie dagegen tun können. Nichts. Überhaupt nichts.

F: Was ist fassbar, was ist Materie?

A: Sie wissen es nicht.

F: Nein, Ich frage dich. Wie würdest du das beschreiben?

A: Dasselbe Wort das ich dafür benutze. Sehen Sie, „Das ist meine Hand."

F: Was ist dann Materie? Was ist die grundsätzliche Materie?

A: Es gibt überhaupt keine Materie. Materie ist Denken. Sehen Sie, wenn man etwas berührt, das weich ist, dann sagt Ihnen der Tastsinn nicht, dass es weich ist. (U.G. berührt die Lehne der Couch). Aber wenn man einmal das Wissen hat, das frühere Wissen, dann sagt man, dass es weich ist, weil das Denken hier einen Raum erschafft und das gewaltige Wissen, dass man darüber hat…

F: Was ist Materie?

A: Was ist Materie? Wollen Sie eine Definition? Das Denken erschafft die Materie.

F: Das ist es, worüber ich mich gewundert habe.

A: Das ist, was ich darüber sage.

F: Wenn wir also das Denken auslöschen, würde die Materie auch verschwinden.

A: Definitionen sind für mich von keinem Interesse, weil das was da ist, Energie ist.

F: Wir haben über Materie gesprochen. Materie wird durch das Denken geschaffen. Wenn wir nicht denken würden…?

A: Denken ist Materie.

F: Was ist mit den Hunden, die haben doch keine Gedanken?

A: Wahrscheinlich denken sie auch auf irgendeine Art. Ich weiß es nicht. Aber bei uns wurde das Denken sehr komplex und kompliziert.

F: Ist da Denken, menschliches Denken, als ein Teil dieser Materie?

A: Da gibt es kein Denken. Es gibt nur Gedanken. Gibt es da ein Denken in Ihnen?

F: Sicher, wir reden doch darüber.

A: Nein, gibt es da ein Denken? Wie ich bereits sagte, ist das Gehirn kein Schöpfer. Gedanken sind nicht spontan. Sie kommen von außerhalb. Sie übersetzen dieses spezielle Geräusch (das Geräusch des Donners) mit der Hilfe Ihres Gedächtnisses, das aus Neuronen besteht. Es sagt Ihnen, dass dieses Geräusch Donner ist. Sie erkennen das. Das ist alles – die Information. Was ist Denken? Wir stellen diese Frage wegen der Annahme, dass es da ein Denken gibt, über das wir etwas wissen wollen. Aber alles was da ist, sind nur Definitionen darüber. „Denken ist Materie", ist eine Aussage, die für sich selbst, überhaupt keine Bedeutung hat.

F: Die Aussage, „Denken ist Materie", hat keine Bedeutung?

A: Hat überhaupt keine Bedeutung. Ich habe erklärt, warum Denken Materie ist, weil…

F: Das einige Physiker verärgert hat?

A: Mich interessieren die Physiker nicht. Aber sie sagen auch, dass es da kein Denken gibt, keine Materie, keinen Raum und keine Zeit. Aber was ist dieses Raumzeitkontinuum? Dieses Kontinuum ist notwendig für sie, sonst kollabiert ihre ganze Forschung.

Gibt es Raum? Nein. Es gibt keinen Raum. Es gibt keine Möglichkeit wie Sie den Raum erfahren könnten. Es ist das Denken, das ihn erschafft. Alles was man über Raum sagt, hat keine Bedeutung. Man kann sagen, dass es kein Denken, keinen Raum, keine Materie und keine Zeit gibt. Zuerst erschaffen Sie das Denken, dann erschafft das Denken den Raum und dann ist die Zeit notwendig, um die Distanz zu erfassen, um den Raum zu erfahren, ihn einzunehmen und etwas damit zu machen. So kommt die Zeit ins Spiel. Aber es gibt keine Zeit. Die einzige Zeit, die es da gibt, ist willkürlich. Es ist elf Uhr abends hier und elf Uhr morgens irgendwo anders. Wir sind zwölf Stunden dahinter. Wenn man nach Indien reist, dann verliert man einen Tag oder gewinnt einen.

Alle Ideen von Zeit, auch die über chronologische Zeit, sind willkürlich. Alle Messungen sind willkürlich. Wir akzeptieren sie als brauchbar, das ist alles. Als ein kleiner Junge einen Mann fragte, „Warum sollte zwei und zwei vier sein?", brachte der Mann vier Äpfel, vier Mangos, vier Orangen und vier Rupien. Dann sagte der

Junge, „Das hat mich nicht interessiert. Gibt es die Zahl zwei ohne die Zahl eins und die eins ohne die zwei?" „Stell mir nicht solche Fragen", antwortete der

Mann. Da endet unsere Mathematik, die Arithmetik. Ich nehme es hin, dass zwei und zwei vier ist. Wenn Sie mich nach vier Dollar fragen, dann zähle ich nach und gebe Ihnen vier Dollar, vier Rupien oder vier Rubel, abhängig vom Land in dem ich gerade bin. Sogar im Bereich des Zählens gibt es einen Referenzpunkt.

Wenn jemand den Preis von etwas Bestimmtem nennt, dann denken wir immer in Begriffen der Währung, mit der wir vertraut sind. Sogar für die Bewertung einer Sache, gibt es einen Referenzpunkt – der Referenzpunkt ist der Dollar oder die Rupie oder der Pfund, je nach dem. Gibt es also Materie? Gibt es Raum? Ich rede hier nicht über Metaphysik, noch weniger über das, über was die Physiker reden, sprich, die Unmöglichkeit der Erfahrung des Raums. Ohne das Denken gibt es keine Möglichkeit, wie man das, was Sie „Ich" nennen, separieren kann. Was Sie „Ich" nennen, ist Denken. Es gibt da kein anderes „Ich", als dieses Verlangen, Raum, Materie oder Zeit zu erfahren. Das Denken hat auch die Idee der Zeitlosigkeit geschaffen. Alles was erreicht wird, passiert in der Zeit.

Der Mathematiker Kurt Gödel, hat mit seinem „Unvollständigkeitstheorem" bewiesen, dass ein Zahlensystem, das in sich widerspruchsfrei ist, niemals vollständig sein kann. Damit hat er seinerzeit die Fundamente der Mathematik radikal erschüttert. Ein Beispiel für dieses Theorem, das auch auf die Sprache anwendbar ist, ist die Aussage: „Ich lüge." Ist diese Aussage jetzt wahr oder falsch?

F: Wo kommen all diese Gedanken her?

A: Sie sind überall. Es gibt eine Gedankensphäre in der wir alle funktionieren. Aber eine Frage (Ich stelle mir diese Frage nicht, weil es keinen Zweck hat, diese Frage zu stellen, ich bin auch an keiner Antwort interessiert) bleibt da, bei der die Antwort nicht klar ist: kommen diese Gedanken von außerhalb und werden uns von Generation zu Generation übermittelt oder werden sie durch die Gene übertragen? Ich habe viele Gründe, um zu glauben, dass die Gesamtheit des Wissens nicht nur über die Erziehung in allen Formen, Gestalten, Größen und Graden übertragen wird, sondern auch in einem erheblichen Ausmaß, durch die

Gene. Jetzt sagt man, dass die Kapazität, nicht nur um Sprachen zu lernen, sondern eine bestimmte Sprache, genetisch kontrolliert wird.

F: Was denkst du über die Arbeit, die Wissenschaftler bei der Gentechnik verrichten?

A: Ich bin dafür, aber wenn es dem Staat übergeben wird, dann werden sie es dazu missbrauchen die Menschen Dinge tun zu lassen, ohne dass sie Widerstand leisten. Jetzt müssen sie unterrichtet werden, Patriotismus gelehrt werden, dass sie vor der Flagge salutieren, in den Krieg ziehen und Kanonen benutzen. Es braucht Jahrzehnte der Gehirnwäsche, damit Menschen an irgendwas glauben oder nicht glauben, an Gott, an die Demokratie oder an den Kommunismus. Aber mit der Gentechnik wird das viel einfacher. Einfach eine Pille geben und sie gehen Töten. Nur der erste Mord ist ein Problem, von da an wird das Töten einfacher. Da können Sie jeden Mörder fragen. Das erste Mal haben Sie Probleme mit dem Töten, aber von da an agieren Sie wie eine Maschinenpistole und Töten die Leute. Es wird zu einer gedankenlosen Handlung.

Die grundsätzliche Frage, die wir uns alle stellen müssen und die uns interessieren sollte ist, was für eine Art von Mensch, wollen wir auf diesem Planeten? Welche? Was denken Sie, wie ein Mensch sein sollte? Was ist Ihre Antwort? Was Sie wollen, kann eher mit der Hilfe von Genmanipulation, als mit der Hilfe des Erziehungsprozesses erreicht werden. Sie sehen, dass es Jahre braucht den Menschen an etwas glauben zu lassen und ihn wieder davon zu befreien. Falls es eine Tendenz zum Alkohol gibt, zum Rauchen oder zum Diebstahl, dann ist es aus irgendeinem Grund einfacher es durch die Genmanipulation zu erreichen, als ihm Vorträge über Moralität zu halten und ihn zu unterrichten.

F: Also kann es eine Veränderung durch eine biologische Manipulation geben.

A: Aber wenn dieses Wissen von den Gentechnikern erworben wird, dann wird es dem Staat übergeben und wir sind in Gefahr. Schließlich ist staatliche Unterstützung notwendig, damit sie die Forschung weiterführen können.

F: Ist es wahrscheinlich, dass es eine Aufgabe des Staates wird?

A: Das wird es. Sie werden es ihnen übergeben.

F: Zumindest in einigen Bereichen.

A: Ja, überall, warum nur in „einigen Bereichen"? Falls sie es nicht machen, dann wird es ein anderes Land machen.

F: Es wird dann, mit der Hilfe der Gentechnik möglich, eine neue Spezies zu entwickeln.

A: Gibt es so etwas wie Evolution? Ich bezweifle sogar das. Darwin hat uns alle auf die falsche Fährte geschickt. Er sagte, dass erworbene Eigenschaften nicht von Generation zu Generation übertragen werden. Aber das ist jetzt ist nicht länger wahr. Hundert Jahre lang haben wir ihm geglaubt. Wir haben auch die Theorien von Freud hundert Jahre lang geglaubt, der ein riesiger Betrüger war.

Jetzt verändern sich die Dinge so schnell, dass wir den Anschluss verloren haben. Wir haben jetzt gewaltige Kommunikationssysteme. Was auch immer hier passiert, passiert überall. Jetzt wurde, durch die Hilfe der modernen Kommunikationstechniken, der Zeitfaktor auf ein Minimum reduziert.

F: Aber das ist keine Evolution.

A: Nein, das ist keine Evolution. Es ist ein Versuch und Irrtum Prozess. Sie perfektionieren dieselbe Sache. Gestern habe ich eine interessante Sendung gesehen, der „50ste Geburtstag des Fernsehens". Ich habe einige dieser TV Sendungen gesehen damals, in den frühen 50gern. Verglichen mit dem, was wir heute sehen, sieht das von damals so altmodisch und primitiv aus.

F: Wie würdest du die menschliche Spezies haben wollen, wenn du sie verändern könntest?

A: Ich bin nicht der auserwählte Schutzengel oder…

F: Ich weiß, dass du das nicht bist, aber wenn du es so haben könntest, wie du es wolltest, wie würdest du…?

A: Ich mag es genauso, wie es ist. Sie müssen nichts daran ändern. Wie Sie sehen, bin ich nicht in Konflikt damit. Es kann nicht verbessert werden. Alles was Sie dafür tun wollen, erschafft bloß Verwirrung. Dann gibt es Gewalt. Wenn Sie das

Denken dazu benutzen, etwas zu verändern, dann gibt es zwangsläufig Gewalt. Ihr Versuch, einen friedvollen Zustand zu schaffen, erschafft hier Krieg.

F: Ich vergaß.

A: Wer hat irgendjemandem den Auftrag gegeben die Welt zu verändern?

F: Also steuern wir als Spezies auf unsere Zerstörung zu. Gibt es eine Möglichkeit, dass wir da wieder herauskommen?

A: Ich bin kein Prophet. Aber die Zukunft ist bereits da.

F: In welcher Hinsicht?

A: In der Gegenwart. Wie kann es irgendwie anders sein? Wie ich bereits gesagt habe, durch Krieg, können Sie keinen Frieden in dieser Welt schaffen.

F: Das glaube ich nicht.

A: Vielleicht kommen wir an einen Punkt, an dem wir durch die Umstände dazu gezwungen sind, mit unseren Gegner zusammenzuleben. Das ist die Art wie unser Organismus funktioniert – das Überleben jeder Zelle, hängt vom Überleben der Zelle neben ihr, ab. Der Terror, dass wenn Sie versuchen die Leute um Sie herum zu zerstören, Sie dann auch zerstört werden, wird uns jetzt für eine Weile zusammenhalten. Sicher nicht Liebe, Glück, Gebete oder religiöses Denken. Aber sagen Sie mir, warum sollten wir für immer da sein? Warum, wozu?

F: Nun, das ist die Frage. Ich weiß es nicht.

A: Warum? Warum stellen wir diese Frage?

F: Das wird wahrscheinlich nicht für immer sein.

A: Wir sind doch gar nicht darum besorgt. Wir tun nichts, um es für immer zu erhalten. Oder? Wir zerstören doch alles in der Natur. Ökologische Probleme wurden durch uns verschlimmert. Was denken Sie, das wir tun könnten, das helfen könnte? Jeder, der irgendwas gegen Auspuffgase sagt und dabei selber ein Auto fährt, sollte sofort und auf der Stelle erschossen werden. Er trägt doch auch dazu bei. Glauben Sie dem Burschen nicht! All die Ökologen, glauben Sie denen nicht.

F: Weil sie nicht daran interessiert sind?

A: Sie sind überhaupt nicht daran interessiert.

F: Ist irgendjemand daran interessiert es zu erhalten?

A: Niemand ist daran interessiert.

F: Nicht einmal du?

A: Ich bin der Letzte, der daran interessiert ist, weil ich nicht will, dass es anders ist.

F: Das ist alles sehr trostlos, Sir!

A: Es ist nicht trostlos. Wie können Sie behaupten, dass es trostlos wäre? Das hier, ist das einzige „Ding", das Leben. Es ist so real. Überhaupt nicht trostlos. Schauen Sie auf diesen Moment. Es ist wundervoll! (Beide schauen auf den Ozean) Ich schreibe keine Gedichte. Im nächsten Moment, schaue ich Sie an und Sie sind genauso schön wie der Ozean. Vielleicht sogar schöner. Sehen Sie, wenn ich von all den Ideen, die ich über Schönheit habe, befreit worden bin, dann ist da etwas Außergewöhnliches. Nichts muss getan werden, um irgendwas zu verändern. Die Dinge ändern sich auf ihre eigene Weise. Die Natur verändert sich – einige vulkanische Ausbrüche irgendwo und einige Erdbeben da. Die Seismologen können zwar mit exakter Präzision vorhersagen, dass wir an einem bestimmten Ort zu einer bestimmten Zeit ein Erdbeben haben werden. Aber warum diese Dinge passieren, weiß niemand.

F: Wann ein Asteroid uns treffen wird…

A: Warum sind wir alle besorgt über diese Dinge? – „Wer hat diese Welt geschaffen?" „Warum leben wir?" Überlassen wir diese Dinge den Metaphysikern und Wissenschaftlern.

F: Vielleicht weil wir Angst vor dem Tod haben?

A: Wir haben Angst an ein Ende zu kommen.

F: Ja, ich will nicht an ein Ende kommen. Hast du Angst an dein Ende zu kommen?

A: „Hier" gibt es nichts, das an sein Ende kommen könnte.

F: In dieser Hinsicht unterscheiden wir uns… Ich bin sehr besorgt darüber.

A: Sagen Sie nicht „unterscheiden". Nichts wird an ein Ende kommen, außer demjenigen, der nicht an sein Ende kommen will. Es ist an der Bewahrung seiner selbst interessiert, in gewisser Hinsicht sogar über den Tod hinaus. Sehen Sie, das wird nicht erfolgreich sein. Das ist nicht amüsant Madame, das ist ein Fakt.

F: Ja, ich verstehe.

Ich bin in perfekter Harmonie mit dieser Welt, genauso wie sie ist.

U.G. Krishnamurti